Activities Manual

¡Con brío!

Second Edition

Catalina Adams, *Winthrop University*

María Concepción Lucas Murillo, *Black Hawk College*

Kimberley Sallee, *University of Missouri – St. Louis*

In collaboration with
Craig Stokes, *Dutchess Community College*

WILEY

John Wiley & Sons, Inc.

VICE PRESIDENT AND EXECUTIVE PUBLISHER	JAY O'CALLAGHAN
DIRECTOR, MODERN LANGUAGES	MAGALI IGLESIAS
SENIOR DEVELOPMENTAL EDITOR	ELENA HERRERO
ASSOCIATE DIRECTOR OF MARKETING	JEFFREY RUCKER
MARKETING MANAGER	TIZIANA AIME
MARKET SPECIALIST	ELENA CASILLAS
ASSOCIATE EDITOR	MARUJA MALAVÉ
SENIOR PRODUCTION EDITOR	WILLIAM A. MURRAY
EDITORIAL PROGRAM ASSISTANT	LISHA PEREZ
SENIOR PHOTO EDITOR	JENNIFER MACMILLAN
SENIOR ILLUSTRATION EDITOR	ANNA MELHORN
CREATIVE DIRECTOR	HARRY NOLAN
COVER DESIGN	HARRY NOLAN/WENDY LAI
COVER PHOTO	MARTIN BARRAUD/ICONICA/GETTY IMAGES, INC.
PHOTO RETOUCHING	RON GRAVIUS/NORM CHRISTIANSEN
SENIOR MEDIA EDITOR	LYNN PEARLMAN
MEDIA PROJECT MANAGER	MARGARITA VALDEZ

This book was set in 11/13 Goudy by Caret Productions and printed and bound by Bind-Rite Robbinsville.

This book is printed on acid free paper. ∞

ISBN: 978-0-470-50063-7

Printed in the United States of America

10 9 8 7 6 5 4 3 2

Contents

Preface

The *Activities Manual* that accompanies *¡Con brío!* consists of three sections: *Cuaderno de ejercicios escritos*, *Manual de Laboratorio*, and the *Answer Key* for the *Cuaderno de ejercicios escritos*. The *Answer Key* for the *Manual de Laboratorio* is available as an electronic file in the Instructor's Resources section of the *¡Con brío! Book Companion Web Site* www.wiley.com/college/lucasmurillo and in *WileyPLUS*.

Cuaderno de ejercicios escritos (Workbook)

The written exercises in the *Cuaderno de ejercicios escritos (Workbook)* practice and reinforce the vocabulary and structures presented in the main textbook, and follow the internal organization of each text chapter. Students and instructors may choose from the variety of exercises and activity types in the *Cuaderno*:

- activities to practice organizing, categorizing, and defining vocabulary, following the same thematic groupings as seen in the main text;
- grammar-specific exercises organized from input-based to production-based and designed to practice language structures within meaningful and realistic contexts;
- guided writing practice that ties thematically and grammatically with each chapter's focus;
- a *Toque final* section that includes creative written expression and culture-based activities related to the three *Tu mundo cultural* components of each chapter.

Manual de Laboratorio (Laboratory Manual)

The Laboratory Manual is a component of the lab audio program*. It is available on audio CD and in *WileyPLUS*. The audio program supports learning through practice and reinforcement of the vocabulary and structures of the text. It offers.

- A highly effective visual component based on the vocabulary-related and structure-related illustrations from the text
- Guided oral/aural exercises that reinforce the vocabulary and structures presented in the main text
- Guided listening exercises that allow students to listen with a particular focus and to respond in writing to the information presented
- Personalized questions exercises

The **Answer Key** to the written responses in the Lab Manual is available as an electronic file in the Book Companion Web Site for Instructors at www.wiley.com/college/lucasmurillo and in *WileyPLUS*.

The *¡Con brío!* textbook, its *Activities Manual (Workbook & Lab Manual)*, and its other ancillaries (video, *WileyPLUS*, and Book Companion Web Site) offer a solid, comprehensive, and engaging program of language study.

* The *¡Con brío!* **Lab Manual Program** includes the audio for the following sections of the textbook: *La pronunciación*, *¡A escuchar!* and the end-of-chapter vocabulary. All are available on CD, and in *WileyPLUS*.

Cuaderno de ejercicios escritos (Workbook) Answer Key

The *Cuaderno de ejercicios escritos (Workbook) Answer Key* at the end of the *Activities Manual* encourages students to monitor and evaluate their work. Students are provided with numerous controlled exercises that may be self corrected, as well as some more open-ended activities that promote self-expression.

The *¡Con brío!* textbook, its *Activities Manual*, and its multiple other ancillaries (video, WileyPLUS, Book Companion Web Site, etc.) offer a solid, comprehensive, and engaging program of language study.

Workbook

¡Con brío!

Capítulo

1 Primeros pasos

Paso I

Greetings, introductions, and saying good-bye

Informal greetings and introductions

1-1 Situaciones

Rosa, Hugo, and two other classmates meet and greet each other on campus. Fill in the bubbles with the appropriate responses based on what the other person says.

1-2   El primer día de clase

Write the correct words or expressions to complete the conversation between Juan and Ana, two exchange students. Use informal expressions.

Ana: ¡Hola! ¿Cómo (1) _____?

Juan: Bien, (2) _____. Y tú, ¿qué (3) _____?

Ana: Muy bien. ¿Cómo (4) _____?

Juan: Me (5) _____ Juan Pérez, ¿y tú?

Ana: (6) _____ llamo Ana.

Juan: Mucho (7) _____, Ana.

Ana: ¡(8) _____!

Juan: Bueno, tengo clase ahora. Adiós, Ana.

Ana: Hasta (9) _____, Juan.

Formal greetings and introductions; saying good-bye

1-3   Primeros contactos

You are at a gathering for foreign-exchange students in Mexico, where you have your initial contact with your instructors. Match the following statements, questions, and expressions with a logical query or response.

1. _____ Buenos días, profesor.   a. Me llamo Vicky Salgado.

2. _____ ¿Cómo está usted?   b. Buenos días, señorita.

3. _____ ¿Cómo se llama usted?   c. Mucho gusto.

4. _____ ¿Cómo se escribe su apellido (*last name*)?   d. Encantado, señora.

5. _____ ¡Adiós!   e. D-a-v-i-d-s-o-n

6. _____ Me llamo Alfredo.   f. Muy bien, gracias.

7. _____ Le presento a mi esposa (*wife*).   g. Hasta luego.

Nombre _____ Fecha _____

Paso II

Asking and answering questions about where you are from

1-4 América Central

Antonio wants to know where some of your Central American friends are from. Answer his questions in Spanish referring to the map. Follow the model and be sure to use subject pronouns in your responses.

MODELO

¿Es Irma guatemalteca?

No, ella es panameña.

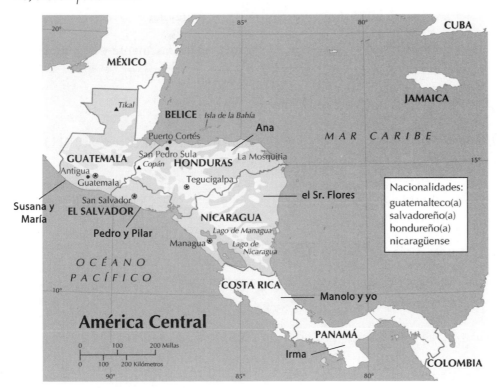

1. ¿Son Pedro y Pilar costarricenses?

_____

2. ¿Es el Sr. Flores mexicano?

_____

3. ¿Manolo y tú son costarricenses?

_____

4. ¿Es Ana hondureña?

_____

5. ¿Son Susana y María colombianas?

_____

1-5 Amigos internacionales

Fill in the following conversation between Esteban and Julio (who are brothers), and Eva and Gabriela (who are friends). Conjugate the verb **ser** according to the context of the conversation.

Eva: ¿De dónde (1) _____ ustedes?

Esteban: Nosotros (2) _____ de Perú. Y ustedes, ¿de dónde (3) _____?

Eva: Yo (4) _____ de Colombia y Gabriela (5) _____ de Ecuador.

Julio: ¡Ah! ¡Colombia (6) _____ increíble!

Eva: Sí, Bogotá (7) _____ una ciudad fascinante y las playas *(beaches)* de Colombia (8) _____ magníficas.

Esteban: Gabriela, ¿de qué parte de Ecuador (9) _____ tú?

Gabriela: Yo (10) _____ de Quito, pero mis padres *(parents)* (11) _____ de Guayaquil.

Esteban: ¡Ah! Un amigo mío (12) _____ de Quito y estudia en la universidad.

Gabriela: ¿De verdad? ¿Cómo se llama?

Esteban: Se llama Manolo Muro García. Él (13) _____ estudiante de arquitectura.

Gabriela: ¡Qué interesante! ¡Ay! Lo siento, pero tengo clase ahora. ¡Hasta luego!

Esteban: ¡Chao!

1-6 Mi primer párrafo en español

Write six sentences indicating where you and three of your relatives, friends, or colleagues are from.

Mi primer párrafo en español

_____

_____

_____

_____

_____

_____

Paso III

Describing yourself and others using cognates

1-7 En un diccionario

Look at the adjectives from a Spanish-English dictionary. First, write the singular feminine form of the adjective. **Note that it may or may not be different from the masculine form.** Then, write the plural masculine form. Finally, guess the meaning in English. Follow the first example.

Singular Masculine		Singular Feminine	Plural Masculine	English translation
ambicioso *adj.*	1.	*ambiciosa*	*ambiciosos*	*ambitious*
arrogante *adj.*	2.			
atlético *adj.*	3.			
honesto *adj.*	4.			
optimista *adj.*	5.			
pesimista *adj.*	6.			
puntual *adj.*	7.			
rebelde *adj.*	8.			
religioso *adj.*	9.			
romántico *adj.*	10.			

1-8   ¿Cómo eres tú?

Your pen pal Hernando from Chile wants to know a little more about you. Answer his questions with the appropriate adjective to describe yourself. Try to use words like **muy, un poco,** and **y** to make your answers more expressive.

De: Hernando@correocb.com	**De:** _____@correocb.com
Asunto: Preguntas para ti	**Asunto:** Re: Preguntas para ti
Para: _____@correocb.com	**Para:** Hernando@correocb.com

(1) ¡Hola! ¿Qué tal?	1. _____
(2) ¿Cuál es tu signo del zodíaco?	2. _____
(3) ¿Eres paciente o impaciente?	3. _____
(4) ¿Eres honesto/a?	4. _____
(5) ¿Eres creativo/a?	5. _____
(6) ¿Eres introvertido/a o extrovertido/a?	6. _____
(7) ¿Eres cómico/a o serio/a?	7. _____
Gracias. ¡Hasta pronto!	¡Hasta pronto!

Paso IV

Counting to 59

1-9   Sumas y restas

Write the following math equations in Spanish.

Matemáticas

1. $2 + 2 = 4$ *dos más dos son...* _____

2. $12 - 3 = 9$ _____

3. $29 - 15 = 14$ _____

4. $17 + 4 = 21$ _____

5. $59 - 20 = 39$ _____

6. $36 + 15 = 51$ _____

1-10 Una serie de números

Fill in the chart with the appropriate number/s to complete the series.

1.	uno, dos	→		→	cinco, seis
2.	doce, catorce	→	dieciséis, dieciocho	→	
3.	cinco	→		→	quince
4.	diez, nueve	→	ocho, siete	→	
5.		→	cinco, siete	→	nueve, once
6.	treinta y cinco	→		→	cuarenta y cinco
7.	cincuenta	→	cuarenta	→	
8.	cero, diez	→	veinte, treinta	→	

1-11 Información interesante

Read the sentences with the missing numbers. Then fill in the appropriate letters in the number clues in order to discover the missing number.

1. Hay … estados en Estados Unidos.

   ___ I N C ___ ___ N ___ A

2. Hay … países donde la lengua (language) oficial es el español.

   V ___ I N ___ ___

3. En España hay … comunidades autónomas o provincias.

   D ___ E ___ ___ S ___ E T E

4. … países de Sudamérica tienen como lengua oficial el español.

   N ___ E ___ E

5. Estados Unidos tiene … lenguas oficiales.

   C ___ R ___

6. En México no se permite tomar bebidas alcohólicas antes de (before) los … años.

   D I ___ C ___ O C ___ O

7. En Paraguay hay … lenguas oficiales: el español y el guaraní.

   D ___ ___

1-12 ¡Pregunta!

Find out the number of items or people in each class in your foreign-exchange program. Use **¿Cuántos?** or **¿Cuántas?** in your questions as appropriate and then respond according to the numbers in parentheses. Follow the model.

MODELO   ¿*Cuántas*____ mochilas hay en la clase? (10)
         Hay *diez mochilas.*

1. ¿_____ profesoras hay en la clase de literatura? (1)

   _____

2. ¿_____ mujeres hay en la clase de historia? (21)

   _____

3. ¿_____ computadoras hay en la clase de español? (11)

   _____

4. ¿_____ hombres hay en la clase de cultura y civilización? (31)

   _____

5. ¿_____ lápices y bolígrafos hay en el escritorio del profesor? (16)

   _____

Paso V

Telling time

1-13 ¿Qué hora es?

Write the time in Spanish. Follow the model.

MODELO

Son las doce de la noche. (o)
Es medianoche.

1.   a. m.

2.   a. m.

3.   a. m.

4.   p. m.

5.   p. m.

1. _____   2. _____

3. _____   4. _____

5. _____

1-14 Husos horarios (Time zones)

It is 9:30 AM and you're working for a shipping company in New York City. Your company makes shipments to Spanish-speaking cities, and your employees want to know the times in those locations. Refer to the chart and the map and answer the questions.

Lugar	Hora
Nueva York Bogotá, Colombia La Habana, Cuba	9:30 AM
México D. F., México San José, Costa Rica Quito, Ecuador	−1 hora
La Paz, Bolivia Buenos Aires, Argentina	+1 hora
Madrid, España	+6 horas

1. ¿Qué hora es en Madrid? _____

2. ¿Qué hora es en Quito? _____

3. ¿Qué hora es en México D.F.? _____

4. ¿Qué hora es en Buenos Aires? _____

5. ¿Qué hora es en La Habana? _____

6. ¿Qué hora es en San José? _____

7. ¿Qué hora es en Bogotá? _____

8. ¿Qué hora es en La Paz? _____

Paso VI

Indicating days of the week and dates

1-15 Los días de la semana

Read the clue and then guess the most likely day/s of the week to complete the sentence.

1. Es un día muy bueno para mí. No hay clase y no hay tarea. Probablemente es

    el _____ o el _____.

2. En muchas universidades hay clases los lunes, _____ y

    _____ y también, los _____ y los

    jueves.

3. En muchos países (countries) hispanos el primer (first) día del calendario no es el

    domingo; es el _____.

4. El Día de Acción de Gracias siempre (*always*) se celebra el

_____.

5. ¿Qué día es hoy? Hoy es _____.

1-16 ¿Cuándo es?

Your teacher from Venezuela wants to see if you know the dates of the following events. Follow the model.

	Evento	Fecha
MODELO	El Año Nuevo	*Es el primero de enero.*
1.	La independencia de EE.UU.	_____
2.	La Navidad	_____
3.	El día de San Valentín	_____
4.	Tu cumpleaños	_____
5.	El cumpleaños de tu mamá	_____
6.	El cumpleaños de tu mejor amigo/a	_____

Toque final

A.   ¡A escribir! Mi clase de…

Answer the questions **in complete sentences** to describe a class of your choice.

- ¿Qué clase es?
- ¿Cómo se llama el profesor o la profesora?
- ¿Cómo es (descripción) el profesor o la profesora?
- ¿De dónde es?
- ¿Qué días de la semana es la clase?
- ¿Cuántos estudiantes hay? ¿Cuántos hombres y cuántas mujeres?
- ¿Qué hay en la clase (descripción)?
- ¿Cómo es la clase, interesante o aburrida?

_____

_____

_____

_____

_____

_____

_____

_____

B.   Tu mundo cultural

Indicate if the following statements are true (**cierto**) or false (**falso**). If they are false, give the correct answer.

1. El español se deriva del inglés.   ❑ cierto   ❑ falso

_____

2. El español llega a América en 1492.   ❑ cierto   ❑ falso

_____

3. El español es la lengua oficial de 20 países.   ❑ cierto   ❑ falso

_____

4. En EE.UU. hay unos 10 millones de hispanohablantes.   ❑ cierto   ❑ falso

_____

Capítulo 2

La universidad y el trabajo

Escena 1

El campus universitario

2-1 En el campus

Your friend Dulce is a visitor's guide at Con Brío University. Help her complete her narration by writing in the appropriate word. Refer to the university scene on pages 34–35 in your textbook.

1. "Los estudiantes estudian en la (1) _____ de la universidad."

2. "Los estudiantes y profesores hacen ejercicios aeróbicos en el (2) _____."

3. "Muchos estudiantes residen en la (3) _____ San Carlos."

4. "Hay carros y bicicletas en el (4) _____, ¿no?"

5. "El equipo de fútbol practica en el (5) _____."

6. "Hay una guardería infantil en la (6) _____ Miguel de Cervantes."

2-2 Asociaciones

Select the places from the following word bank that you most closely associate with the items listed below.

la guardería infantil	el estadio de deportes	el estacionamiento
la cafetería	el gimnasio	la avenida
la residencia estudiantil	la plaza	la biblioteca

1. el ejercicio aeróbico _____ *el gimnasio* _____

2. los carros y las bicicletas _____

3. los estudiantes _____

4. el fútbol y el béisbol _____

5. los bebés _____

6. los libros   _____

7. el sándwich y el café   _____

8. la estatua   _____

9. el autobús   _____

2-3 Mis clases

Before meeting with your advisor to talk about classes for next semester, you have
selected several options for your program of study. First, put the following courses
in the appropriate category and then circle which course in each category most
interests you.

Mis clases

Lista de clases para el próximo semestre: arte, biología, cálculo, contabilidad,
español, estadística, física, francés, literatura, música, química, ruso.

1. matemáticas	2. ciencias	3. idiomas (languages)	4. otras humanidades
_____	_____	_____	_____
_____	_____	_____	_____
_____	_____	_____	_____

2-4 Tu universidad

A friend of yours from Barcelona, Spain, wants to study at your school for a year.
Answer the following questions he has about the university. Use complete sentences.

1. ¿Cómo se llama tu *college* o universidad?

_____

2. ¿Hay un estadio de deportes allí?

_____

Nombre _____ Fecha _____

3. ¿Qué días hay clases?

_____

4. ¿A qué hora son tus clases?

_____

5. ¿Hay una guardería infantil en tu *college* o universidad? ¿Y un teatro?

_____

¡Manos a la obra!

I. Identifying gender and number: Nouns and definite and indefinite articles

2-5 ¿Masculino o femenino?

Ana is trying to decide whether the following words are masculine or feminine. Help her identify the gender of each word by writing **M** for *masculino* and **F** for *femenino*. Then, write the plural form of each noun and include **los** or **las** as appropriate.

	¿M/F?	Plural:
1. libro	M	los libros
2. lápiz	____	_____
3. mapa	____	_____
4. facultad	____	_____
5. carro	____	_____
6. clase	____	_____
7. administración	____	_____
8. autobús	____	_____
9. mochila	____	_____
10. reloj	____	_____
11. profesora	____	_____
12. hombre	____	_____

2-6 ¿Es específico o no?

Now help Ana decide what the appropriate definite articles (**el, la, los, las**) and indefinite articles (**un, una, unos, unas**) would be for each noun, using the spaces provided.

Definite	**Indefinite**
1. _____ cuadernos	8. _____ universidades
2. _____ bolígrafo	9. _____ guardería
3. _____ facultad	10. _____ programas
4. _____ mapa	11. _____ problema
5. _____ lección	12. _____ gimnasios
6. _____ calles	13. _____ edificio
7. _____ día	14. _____ conversación

2-7 En la Oficina de Objetos perdidos

Read the following statements based on the items on display at the university's "Lost and Found". Decide if each statement is true or false, by writing **C** for **cierto** and **F** for **falso** in the spaces provided. If the statement is false, rewrite it to make it true.

1. Hay un cuaderno.   _____ *F. Hay seis cuadernos.* _____

2. Hay dos diccionarios.   _____

3. Hay cuatro mochilas.   _____

4. Hay un lápiz.   _____

5. Hay tres calculadoras.   _____

6. Hay cinco libros.   _____

7. Hay dos cámaras y un teléfono. _____

8. Hay una gorra de béisbol y un suéter. _____

9. Hay tres bolígrafos y dos relojes. _____

¡Manos a la obra!

2. Saying where you are: The verb *estar* (to be) + location

2-8 ¿Dónde están?

Susana missed every question on a recent quiz because she confused the verb **ser** with **estar**. Now, Professor González has asked her to correct her mistakes by doing the quiz over again. Help out Susana by writing in the appropriate forms of the verb **estar.**

1. ¿Dónde _____ la secretaría?

2. Los estudiantes _____ en el laboratorio.

3. La Facultad de Derecho _____ en la avenida Pablo Neruda.

4. Nosotras _____ en la librería.

5. El profesor _____ enfrente del hospital.

6. ¿Ellas _____ en el gimnasio?

7. ¿_____ tú en la plaza?

2-9 ¿De dónde es y dónde está?

Your friend Marcela knows just about everything related to famous Hispanic people. How would she answer the following questions about where people are from and where they are right now? Follow the examples.

1. ¿De dónde es Penélope Cruz?   _____*Es de España.*_____ (España)

   ¿Dónde está ella en este momento? ___*Está en Hollywood.*___ (Hollywood)

2. ¿De dónde es Eva Longoria?   _____ (Texas)

   ¿Dónde está ella ahora (now)?   _____ (Los Ángeles)

3. ¿De dónde es Johan Santana?   _____ (Venezuela)

   ¿Dónde está él ahora?   _____ (Nueva York)

4. ¿De dónde es Salma Hayek?   _____ (México)

   ¿Dónde está en este momento?   _____ (San Francisco)

5. ¿De dónde es Marc Anthony?   _____ (Nueva York)

   ¿Dónde está en este momento?   _____ (Florida)

2-10   ¿Dondé están los objetos y las personas?

Answer the questions using the following prepositions.

| al lado de | detrás de | delante de | enfrente de | entre | cerca de | lejos de |

1. ¿Dónde está la profesora en relación con los estudiantes?

_____

2. ¿Dónde está Julio en relación con su (*his*) mochila?

_____

3. ¿Dónde está Adriana en relación con Raúl y Laura?

_____

4. ¿Donde está Rosalía en relación con Laura?

_____

5. ¿Dónde está el reloj en relación con la ventana?

_____

6. ¿Dónde está la silla en relación con la mesa?

_____

7. ¿Dónde está Raúl en relación con Adriana?

_____

Escena 2

En clase

2-11 Crucigrama

Fill in the crossword puzzle with the appropriate vocabulary words.

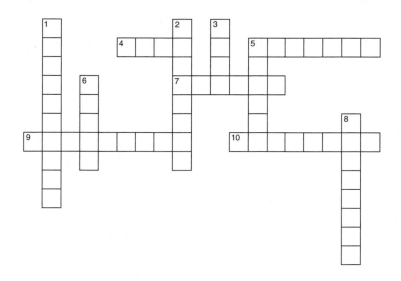

Horizontales

4. En la clase de geografía usamos el… que está en la pared.

5. La profesora escribe *(writes)* en la…

7. No es una prueba, es un…

9. Hay un… para ver videos en la clase.

10. Para escribir palabras en la pizarra se usa *(one uses)* un…

Verticales

1. Mis… de clase están contentos porque no hay tarea.

2. Cerca de la pizarra hay una… para los papeles.

3. Una A es una buena…

5. Los estudiantes entran a la clase por la…

6. En la… hay un reloj, un mapa y un calendario.

8. El… es para borrar *(erase)* la pizarra.

2-12   ¿De qué color?

Complete the sentences with the appropriate form of the verb **ser** and the color that best matches the item/s. Make sure the colors agree with the nouns in number and in gender.

1. Mi libro de español _____.

2. Mi computadora _____ y mi impresora _____.

3. Las paredes del salón de mi clase de español _____.

4. Las hojas de papel de mi cuaderno _____.

5. Mi carro _____.

6. La bandera (*flag*) de Estados Unidos _____.

7. Mi mochila _____.

8. Las pizarras de la universidad _____.

2-13   ¿De quién es? *(Whose is it?)*

Professor Aguilar is the last one to leave the classroom and finds some items left by some of his students. Answer his questions following the model.

Modelo   ¿De quiénes son los relojes? (mis compañeros)

Los relojes son de mis compañeros.

1. ¿De quién son los exámenes? (el profesor Fonseca)

_____

2. ¿De quiénes son las mochilas anaranjadas? (Rebeca y Marta)

_____

3. ¿De quién es el marcador azul? (usted)

_____

4. ¿De quién es el suéter amarillo? (Ricardo)

_____

5. ¿De quién es el diccionario? (mi profesora de español)

_____

Nombre _____ Fecha _____

¡Manos a la obra!

3. Describing people's current conditions: *Estar* + condition

2-14 ¿Cómo están?

Help Sebastián describe how he and the following classmates are feeling, using the verb **estar** with an adjective. Be sure to make the adjective agree with the noun.

1. Mi amiga _____

_____

por el examen.

2. ¡Yo _____

_____

con la tarea!

3. Mi esposa y yo _____

_____.

Hay mucha tarea.

4. Mis compañeros de clase

_____

_____

con las notas.

1. Él _____

_____

de jugar al básquetbol.

1. Ella _____

_____

con sus amigos.

2-15 ¿Cuál es el resultado?

Roberto is trying to explain how he and some of his friends are feeling given their particular circumstances. Read the clues and help him complete the description.

MODELO   Tú no tienes (*have*) tarea esta noche.

Estás contento.

1. Los amigos de Antonio están en el hospital.

_____

2. María está en la clase de contabilidad y el profesor es muy monótono.

_____

3. Uds. estudian y trabajan (*work*) todas las noches.

_____

4. Mañana hay dos exámenes muy difíciles y no estamos preparados.

_____

5. Mi equipo favorito de béisbol no gana (*doesn't win*).

_____

Escena 3

Las profesiones y el trabajo

2-16 Pistas (*Clues*)

Unscramble the following words with the help of the word bank. Then write them in the corresponding cells. Finally, decipher the sentence on the bottom using the numbered letters.

abogada	bombero	enfermero	médico	policía
ama de casa	contador	maestra	mesero	programador

1. EMBOORB ☐☐☐☐☐☐☐
          10

2. RAOPGDRMARO ☐☐☐☐☐☐☐☐☐☐☐
            7

3. TEMARAS ☐☐☐☐☐☐☐
          5

4. AAGAODB ☐☐☐☐☐☐☐
         1

5. MÉCOID ☐☐☐☐☐☐
        2

6. RODNATCO ☐☐☐☐☐☐☐☐
              13

7. LCOIPÍA ☐☐☐☐☐☐☐
         6   12 3

8. MAA ED ASCA ☐☐☐☐ ☐☐ ☐☐☐☐
                          16 4

9. OSEMER ☐☐☐☐☐☐
          11   8

10. FORMREEEN ☐☐☐☐☐☐☐☐☐
              14 9   15

H Y ☐ U ☐ H ☐ ☐ | ☐ ☐ ☐ ☐ ☐ ☐ ☐ ☐ ☐ ☐
1   2   3   4 5   6 7 8 9 10 11 12 13 14 15 16

2-17 Profesiones

Using the plural forms of the words from 2-16, complete the sentences with the appropriate professions.

1. Las mujeres que trabajan en casa son _____.

2. Los profesionales que trabajan con números y dinero (*money*) son

   _____.

3. Las personas que trabajan en hospitales son _____

   o _____.

4. Las _____ trabajan en los tribunales

5. Los _____ trabajan con computadoras.

6. Los _____ trabajan en restaurantes.

7. Cuando hay una emergencia, llamamos (*we call*) a los

   _____ y a los _____.

8. Las _____ trabajan en las escuelas.

¡Manos a la obra!

4. Talking about going places: *Ir* (to go) + *a* + destination

2-18 ¿Adónde vas…?

Find out where the university students are going today. Complete the sentences with the appropriate form of the verb **ir** and a logical place they would go based on the activity they are going to do. Use the word bank for a list of places and follow the model.

Remember to use the contraction "a + el = al" when it is necessary.

la biblioteca	la clase de español	el estadio de deportes
el centro estudiantil	el estacionamiento	el hospital

1. (estudiar y consultar libros) Teresa…

   va a la biblioteca _____.

2. (comer un sándwich y conversar con amigos) Los estudiantes…

   _____.

3. (estacionar el carro) El profesor…

_____

4. (ver al médico) Tú…

_____.

5. (ver un partido de fútbol) Yo…

_____.

6. (practicar español) Sandra y yo…

_____.

¡Manos a la obra!

5. Asking questions: Interrogative words

2-19 No te entendí *(I didn't understand you)*

Your friend Liliana mumbles a lot and you're always missing what she says. Based on the following information, ask the appropriate question to find out what you didn't hear.

Respuesta incompleta	"No te entendí."
1. Soy de…	¿De _____ eres?
2. Ahora son las… y diez de la mañana.	¿_____ hora es?
3. Mi clase favorita es…	¿_____ es tu clase favorita?
4. Hay… estudiantes en la clase.	¿_____ estudiantes hay?
5. La clase de biología es a… de la tarde.	¿_____ es la clase de biología?
6. Hoy estoy mal… Tengo mucha tarea.	¿_____ estás?
7. Voy a… esta noche.	¿_____ vas esta noche?
8. Las bicicletas están enfrente de…	¿_____ están las bicicletas?
9. El lápiz es de…	¿_____ es el lápiz?
10. Mi profesora de sociología es…	¿_____ es tu profesora de sociología?

Toque final

A.   ¡A escribir! Tu vida universitaria

Your Venezuelan friend started his university studies today. Write seven questions you are going to ask him in order to find out the following:

- How he is doing
- Where his university is located
- The days of his classes
- At what times his classes are
- Who his professors are
- Which his favorite classes are
- The places on campus he goes

Tu vida universitaria

_____

_____

_____

_____

_____

_____

_____

B.   Tu mundo cultural

Answer the questions in complete sentences.

1. ¿Cuáles son dos universidades hispanas de gran tradición?

_____

_____

2. Cita cinco lugares de EE.UU. con nombres de origen español.

_____

_____

3. En EE.UU., en el siglo XX, ¿de dónde son los inmigrantes hispanos? ¿Y en años más recientes?

_____

_____

4. Cita a tres o cuatro hispanos famosos que son residentes de EE.UU.

_____

_____

5. En EE.UU., aparte del inglés, ¿qué lengua (*language*) es importante en muchas profesiones?

_____

_____

Capítulo 3

La familia y los amigos

Escena 1

La familia

3-1   Una reunión familiar

You are at a gathering with the Ruiz family, your host family in Mexico, and you want to know who is related to whom. Based on the family tree below, answer the questions in complete sentences. Only use first names in your answers.

La familia de Juan Ruiz León

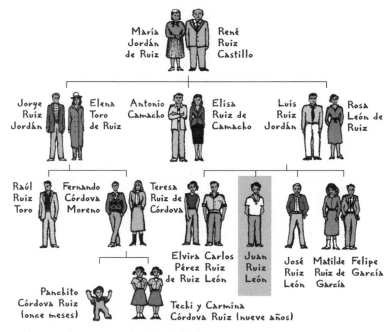

1. ¿Cómo se llaman los nietos de Jorge y Elena?

   _____

2. ¿Cómo se llaman los padres de José?

   _____

3. ¿Cómo se llama la esposa de Luis?

   _____

4. ¿Cómo se llaman los abuelos de Juan?

   _____

5. ¿Quién es el bebé de Teresa?

_____

6. ¿Quiénes son las sobrinas de Raúl?

_____

7. ¿Cómo se llama el esposo de Elisa?

_____

8. ¿Cómo se llama el tío de Techi y Carmina?

_____

9. ¿Quién es el cuñado de Fernando?

_____

10. ¿Quiénes son los suegros de Elena?

_____

11. ¿Quiénes son los primos de Carlos?

_____

3-2 Pistas (Clues)

Using the two clues, determine how the following family members are related. Follow the model.

MODELO (Pista nº 1) Alfredo es el papá de Eduardo.

(Pista nº 2) Eduardo es el papá de Inés.

(Relación) Inés es _la nieta_ de Alfredo.

Pista nº 1	Pista nº 2	Relación
Juana es la esposa de Álvaro.	Álvaro es el padre de Miguel.	**1.** Miguel es _____ de Juana.
Álvaro es el hijo de Teresa.	Teresa es la esposa de Ernesto.	**2.** Ernesto es _____ de Álvaro.
Miguel es el primo de Alejandra.	Alejandra es la hija de Pablo.	**3.** Pablo es _____ de Miguel.
Teresa es la madre de Álvaro.	Álvaro es el padre de Antonio.	**4.** Antonio es _____ de Teresa.
Miguel y Antonio son los hijos de Juana.	Juana es la hermana de Julieta.	**5.** Miguel y Antonio son _____ de Julieta.

3-3   Una familia grande

To find out about Alonso's family, complete the sentences with the appropriate form of the verb **tener**.

Mi familia es grande. Mi mamá (1) _____ diez hermanos: cinco hermanas y cinco hermanos. Todos mis tíos (2) _____ dos o tres hijos. ¡Así que yo (3) _____ cuarenta y cinco primos! Mi abuelo (4) _____ diecisiete hermanos: nueve hermanos y ocho hermanas. Él (5) _____ cincuenta y siete primos. Las familias de hoy son más pequeñas que las familias del pasado. Yo (6) _____ un hermano y dos hermanas. Así que en mi familia hay cinco personas en total. Mi esposa es María Camacho, y nosotros (7) _____ una hija; ella se llama Mercedes. ¿Cuántos hermanos (8) _____ tú?

¡Manos a la obra!

1. Indicating possession: Possessive adjectives

3-4   Mi cumpleaños

Mónica is showing you a picture of her birthday party. Complete the paragraph with the appropriate possessive adjectives.

Foto de la fiesta del cumpleaños de Mónica

Es una foto de (1) _____mi_____ fiesta de cumpleaños. En la foto está toda

(2) _____ familia. (3) _____ abuelos se llaman Leonor y Roberto.

(4) _____ tía Silvia es muy simpática y (5) _____ esposo Juan también.

(6) _____ hijos, David y Gonzalo, son (7) _____ primos. Nosotros

somos mexicanos. (8) _____ casa está en Guanajuato. (9) _____ perro

se llama Milo y (10) _____ gato, Mimo. Y ahora tú, ¿cómo es

(11) _____ familia? (12) ¿Y cómo son _____ padres y hermanos?

3-5   ¿Cuántos años tienen?

Answer the questions in complete sentences.

1. ¿Cuántos años tienes?

_____

2. ¿Cuántos años tienen tus padres? ¿Y tus abuelos?

_____

3. ¿Tienes hijos? ¿Cuántos años tienen?

_____

4. ¿Tienes gato o perro? ¿Cuántos años tiene?

_____

3-6   ¿Cuál es su número?

Olga needs to make many phone calls today and asks you to help her by providing the numbers in her directory. Answer her questions and follow the model.

MODELO   Marisa Prados: 432-0578

OLGA: *¿Cuál es el número de teléfono de Marisa?*

TÚ: *Es el cuatro - treinta y dos - cero - cinco - setenta y ocho.*

Números de teléfono

1. María González: 302-5769

2. Alberto Muñoz: 582-9044

3. Ana Jiménez: 712-5029

4. Leticia Balboa: 916-7599

---

1. Olga: *¿Cuál es el número de teléfono de María?*

Tú: _____

2. Olga: *¿Cuál es el número de teléfono de Alberto?*

Tú: _____

3. Olga: *¿Cuál es el número de teléfono de Ana?*

Tú: _____

4. Olga: *¿Cuál es el número de teléfono de Leticia?*

Tú: _____

¡Manos a la obra!

2. Talking about the present: The present indicative of regular -ar verbs

3-7   ¡Qué ocupados!

Cristina and her friends are talking about how busy everyone is. Complete the sentences with a logical ending. In some cases, there may be more than one correct answer. Provide all possible answers.

1. Mi padre _____

2. Yo _____

3. Tú _____

4. Tu mamá _____

5. Ustedes _____

6. Mi hermano y yo _____

7. Ana y David _____

a. usas la computadora para la tarea.

b. llegan a casa muy tarde.

c. desayunan en un café.

d. trabaja en el hospital los fines de semana.

e. estudio cuatro horas cada día.

f. compra la fruta en el mercado.

g. hablamos español.

3-8   Rompecabezas (Puzzle)

Fill in the chart with the missing elements by following the model in item #1.

1.	hablar	*to speak*	yo	*hablo*
2.	cenar		yo	
3.		to buy	nosotros	
4.	llegar			llega
5.		to study	ellos	
6.		to have		tenemos
7.	desayunar		usted	
8.		to work	mis amigos y yo	
9.	usar		José María	
10.		to return	tú	

3-9   Estudios en España

Alexa has been in Spain for two weeks on a study abroad program and is writing to tell you about her life in a new country. Fill in the blanks with the correct form of the verbs in parentheses.

¡Hola amiga mía! ¿Cómo estás? Yo estoy muy ocupada con mis clases pero me gusta mucho el programa de estudios. Todas las mañanas yo (1) _____ (desayunar) en casa con la familia Saldovar y nosotros (2) _____ (hablar) de las clases y del trabajo. Yo casi siempre (3) _____ (llegar) a la universidad a las ocho y (4) _____ (usar) una computadora del laboratorio para escribir e-mails. Luego, mis compañeros (5) _____ (llegar) a las ocho y media para la clase de conversación. La profesora es muy buena y todos nosotros (6) _____ (hablar) en español por una hora. Con frecuencia, toda la clase (7) _____ (ir) a la cafetería y nosotros (8) _____ (conversar) y (9) _____ (tomar) un café. Por la tarde, yo (10) _____ (regresar) a casa y (11) _____ (estudiar) para mi clase de cultura y civilización. Los sábados por la noche mis amigos y yo (12) _____ (llegar) a la Plaza Mayor antes de las diez y allí (13) _____ (cenar) porque hay restaurantes muy buenos. Bueno, es tarde. ¡Saludos a todos! Chao.

3-10   Mi rutina

Your Cuban friend Miguel wants to know about your daily routine. Answer his questions in complete sentences.

1. ¿Desayunas? ¿A qué hora?

_____

2. ¿Trabajas? ¿Dónde?

_____

3. ¿Llegas a casa del trabajo tarde o temprano?

_____

4. ¿Cenas en casa todos los días?

_____

5. ¿Con quién cenas normalmente?

_____

6. ¿Con qué frecuencia hablas por celular?

_____

7. ¿Usas Internet todas las noches?

_____

Escena 2

Los mejores amigos

3-11 Mi amiga Marta

Help Sara describe her best friend Marta by filling in the blanks with the correct form of the appropriate adjectives.

cariñoso	delgado	simpático
rubio	divertido	fuerte

Mi mejor amiga Marta es muy (1) _____; puede levantar pesas (*lift weights*) de 50 kilos pero es muy (2) _____; ¡sólo pesa (*weighs*) 50 kilos! No es morena; es (3) _____. También, habla mucho. No es aburida; es muy (4) _____. Es una persona que ama a sus hijos y les da abrazos constantemente; es muy (5) _____. Todos nuestros amigos dicen que Marta es una persona muy (6) _____ porque es muy buena y amable con todos.

3-12 ¿A quién? o ¿qué?

Complete the following sentences with the personal **a** whenever it is necessary. When it is not, write an X in the blank.

1. Mi tía cuida _____ su bebé, pero no cuida _____ su carro.

2. Daniel necesita _____ un trabajo, pero también necesita _____ sus amigos.

3. La abuela abraza _____ sus nietos; ellos necesitan _____ afecto.

4. Después de cenar, la madre limpia _____ los niños, y luego, limpia _____ la mesa.

5. Tenemos _____ un padre muy cariñoso.

6. Llamo _____ mi esposa por la mañana y ayudo _____ mis hijos por la tarde.

7. Rodrigo besa y abraza _____ su novia con mucha pasión.

8. Cuando visito _____ mi familia en Madrid, también visito _____ el museo Thyssen Bornemisza.

¡Manos a la obra!

3. Describing people and things: *Ser* + descriptive adjectives

3-13 ¡Claro que sí! *(Of course!)*

Your friend Mercedes is a very positive person. Match the following statements you make with her reactions. Watch out for correct adjective agreement.

1. _____ Álvaro no es antipático.   a. Son fáciles.

2. _____ Mi amiga no es tonta.   b. Son buenos.

3. _____ Mis clases no son difíciles.   c. Son ricos.

4. _____ Mis compañeros no son malos.   d. Es grande.

5. _____ Mis tíos no son pobres.   e. Es bonita.

6. _____ Mi universidad no es pequeña.   f. Es lista.

7. _____ Mi mamá no es fea.   g. Es nuevo.

8. _____ Mi carro no es viejo.   h. Es simpático.

3-14 Un niño difícil

Your six-year-old brother Tomás never has anything nice to say about anyone. You set him straight by gently correcting him. Complete the sentences with the descriptive adjective of opposite meaning.

MODELO: **Tu hermanito Tomás:**   ¡Tú eres malo!

                Tu reacción: Yo no soy malo; _soy bueno_.

Tu hermanito Tomás: **Tu reacción:**

1. ¡Mamá es un poco gorda!   Mamá no es un poco gorda;

                                            _____

2. ¡Papá es perezoso!   Papá no es perezoso;

                                            _____

3. ¡Tú eres tonto!   Yo no soy tonto;

                                            _____

4. ¡Yo soy antipático!   Tú no eres antipático;

                                            _____

5. ¡Ellos son viejos!   Ellos no son viejos;

                                            _____

6. ¡Nuestro perro es feo!   Nuestro perro no es feo;

                                            _____

7. ¡Ustedes son aburridos!   Nosotros no somos aburridos.

                                            _____

3-15 Todos mis amigos

Complete the following sentences to find out about Alejandro's best friends.

1. Mi amigo Javier es _____ y _____. Su amiga Pepita es _____ y _____.

2. Octavio es _____ pero su amigo Alfonso no lo es. Los dos son _____.

3. Héctor, otro amigo mío, es _____ y _____, pero su amigo Octavio es _____ y _____.

4. Esteban es muy _____ y Natalia es _____. Los dos son _____.

Escena 3

Las relaciones humanas

3-16 Crucigrama

Fill in the crossword puzzle with the appropriate vocabulary words.

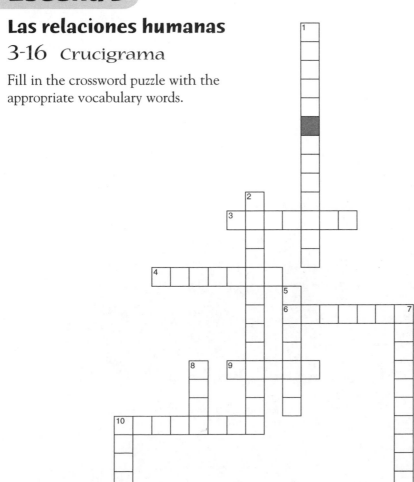

Horizontales

3. Son personas que tienen menos de 20 años. No son viejas.

4. Es un hombre que no está casado.

6. Es la relación que una persona tiene con un amigo.

9. Es una mujer que no tiene esposo porque está muerto (*dead*).

10. Son personas que tienen más de 75 años.

Verticales

1. Es la expresión idiomática que describe a tu pareja ideal.

2. Es el estado de los novios que deciden casarse (*to marry*).

5. Es el estado civil de dos personas en un matrimonio.

7. Es el estado de un hombre que ya no está casado.

8. Es la ceremonia del matrimonio.

10. Es el sentimiento que tiene una persona hacia otra cuando está enamorada.

3-17 Los Roldán

Look at the picture of this family. Chek the box for **Correcto** or **Incorrecto** to indicate whether each statement is true or not. If your choice is **Incorrecto**, provide the correct information.

La nueva familia de María Luisa

¡Con brío! Cuaderno de ejercicios escritos

1. Claudio Paz es viudo. ☐ Correcto ☐ Incorrecto

_____

2. Pedro y Teresa están comprometidos. ☐ Correcto ☐ Incorrecto

_____

3. Damián y Mª Luisa Roldán están enamorados. ☐ Correcto ☐ Incorrecto

_____

4. Es la foto del día de la boda de Mª Luisa y Damián. ☐ Correcto ☐ Incorrecto

_____

5. Lino y Clara son adolescentes. ☐ Correcto ☐ Incorrecto

_____

6. La media naranja de Lola Roldán es Damián. ☐ Correcto ☐ Incorrecto

_____

7. Rosa Paz es la suegra de Damián. ☐ Correcto ☐ Incorrecto

_____

8. Lino y Clara son novios. ☐ Correcto ☐ Incorrecto

_____

9. Claudio y Rosa son ancianos. ☐ Correcto ☐ Incorrecto

_____

¡Manos a la obra!

4. Describing people, places, and things: A summary of *ser* and *estar*

3-18 ¿Por qué *ser* o *estar*?

Would you use **ser** or **estar** to talk about the following situations? Fill in the blanks with the correct form of the verb. Then, identify the reason for using **ser** or **estar**. Follow the model.

Ser	Estar
nationality/origin	location
religious or political affiliation	condition (physical, emotional,
occupation	and mental states) occupation
characteristics	
personality traits	
time	
date	
possession	

MODELO   Yo _soy_ de Guatemala. _nationality/origin_

1. Hoy _____ lunes, 30 de abril.   _____

2. El carro rojo _____ de José.   _____

3. Los jóvenes _____ muy guapos.   _____

4. Los recién casados _____ contentos.   _____

5. _____ las 4 de la tarde.   _____

6. La nieta de María _____ enferma.   _____

7. La novia de Fernando _____ simpática. _____

8. Mi familia _____ católica.   _____

9. Mis primos _____ profesores.   _____

10. Yo _____ en la clase de español.   _____

3-19   ¿Ser o Estar?

Select the correct words or phrases to complete the following sentences. Review the uses of **ser** and **estar** for help. Follow the model.

MODELO

Ana es ___secretaria___. (cansada, secretaria, en casa)

1. Nosotros estamos en la universidad porque somos _____.
   (enfermos, estudiantes, bien)

2. Después de bailar salsa en el club, estoy _____.
   (grande, cansado/a, estudiante de salsa)

3. La universidad está _____.
   (en la oficina, lejos, alta)

4. Tú eres _____.
   (en la casa, de Costa Rica, cansado)

5. Mis hermanos son _____.
   (bien, divertidos, ocupados)

6. Hoy es _____.
   (la mañana, bien, lunes)

7. Mi tía es _____.
   (cerca de la ventana, simpática, contenta)

8. Mis amigos están _____.
   (trabajadores, en la universidad, de España)

Toque final

A. ¡A escribir! Información personal

Introduce yourself to your future host family in a Spanish-speaking country. Give information about the following:

- Your country of origin and nationality
- Your physical appearance and personality traits
- Your age and civil status
- Some information about your family and friends
- Your studies and your job or occupation
- Where you are right now
- How you are doing at the moment

Información personal

_____

_____

_____

_____

_____

_____

_____

_____

_____

_____

_____

_____

B. Tu mundo cultural

Indicate if the following statements are true or false. If they are false, correct them.

1. La familia es una de las instituciones más sólidas de la sociedad hispana.

   ☐ cierto   ☐ falso _____

2. Actualmente, en México, el promedio (*average*) de hijos por familia es de 7.3.

   ☐ cierto   ☐ falso _____

3. En los países hispanos los padrinos no tienen un papel importante en la ceremonia del bautizo.

   ☐ cierto   ☐ falso _____

4. La quinceañera es una fiesta importante para celebrar los 15 años de las jóvenes latinoamericanas.

   ☐ cierto   ☐ falso _____

Capítulo 4

El tiempo libre

Escena 1

Actividades al aire libre

4-1 Un chico obsesionado

Pablo loves to exercise. Find out what he does during the week by completing the paragraph with the appropriate words from the word bank.

pesas	juego	descansar	nado	correr
deportes	monto	bicicleta	pelota	

Mis actividades:

Soy una persona muy activa y hago ejercicio todos los días. Los lunes, miércoles y viernes me gusta (1) _____ una hora por la mañana, y por la tarde, (2) _____ al básquetbol en el gimnasio de la universidad. Mis amigos practican muchos (3) _____ y yo siempre tengo mi (4) _____ para jugar con ellos al fútbol. Los martes y jueves por la mañana me gusta montar en (5) _____ y por la tarde, (6) _____ en la piscina (*swimming pool*). También me gustan los animales, por eso (7) _____ a caballo cuando tengo tiempo. El sábado levanto (8) _____ en casa y el domingo, después de una semana de mucho ejercicio, estoy cansado y necesito (9) _____.

4-2 ¡Preguntas ridículas!

Four-year-old Emilio asks a lot of questions, some just to get attention. Answer him by circling **Sí** or **No**. If the answer is negative, say what *can be done* in the place mentioned, substituting the activity in italic. Follow the model.

MODELO   ¿Es posible *bucear* en el campo? [**Sí** (**No**)]

No, pero es posible acampar en el campo.

1. ¿Es posible *pescar* en la playa? [**Sí   No**]

_____

2. ¿Es posible *montar en bicicleta* en el río? [**Sí   No**]

_____

3. ¿Es posible *esquiar* en las montañas? [**Sí   No**]

_____

4. ¿Es posible *tomar el sol* en el bosque? [**Sí   No**]

_____

5. ¿Es posible *manejar* en el lago? [**Sí   No**]

_____

6. ¿Es posible *montar a caballo* en una isla? [**Sí   No**]

_____

4-3 Crucigrama

Complete the sentence with a conjugated **-ar** verb that is logical according to the clues. Make sure the verb fits in the crossword puzzle.

Horizontales

3. ¿_____ tú un cuadro en la clase de arte?

5. Yo _____ pesas en el gimnasio.

6. Mi equipo favorito de fútbol es bueno. Ellos _____ todos los partidos *(games)*.

7. Miguel y yo _____ a caballo en el campo.

Verticales

1. Yo _____ en bicicleta todos los días.

2. ¿_____ ustedes un carro azul?

3. Nosotros _____ deportes todos los días.

4. Ellos _____ en la piscina *(swimming pool)* de mi amigo.

4-4 Medios de transporte

Your friend Lorena from Buenos Aires, Argentina, wants to know what you do to get around. Using the spaces provided, respond to her questions in complete sentences.

De: tuamigaLorena@correocb.com

Asunto: ¿Qué haces?

Para: ti@correocb.com

De: ti@correocb.com

Asunto: ¿Qué haces?

Para: Re: TuamigaLorena@correocb.com

¡Hola! ¿Qué tal? Por aquí, todo bien. Ahora estoy de vacaciones en el campo y monto a caballo todos los días. Y tú, (1) ¿montas a caballo? ¡A mí me gusta mucho! Todas las mañanas, mi amiga Daniela maneja su carro a una granja y allí montamos a caballo. Yo no manejo, pero quiero aprender pronto. Y tú, (2) ¿manejas? (3) ¿Y montas en bicicleta? A mí me gusta mucho montar en bicicleta, pero para ir al trabajo, tomo el autobús. (4) ¿Tomas el autobús en tu ciudad? Yo, con mucha frecuencia. Escríbeme pronto. ¡Chao!

1. _____

_____

2. _____

_____

3. _____

_____

4. _____

_____

¡Manos a la obra!

I. Expressing likes and dislikes: The verb *gustar*

4-5 En una tienda de deportes

To find out more about their clients, a sporting goods store is offering a free gift to all who complete the following survey.

EL BAZAR DEL DEPORTE

Encuesta

Nombre: _____ Correo electrónico: _____

Edad *(age)*: _____ años

Instrucciones: Haga un círculo alrededor de la frase que mejor represente su opinión. ¡Gracias!

1.	PATINAR EN LÍNEA	¡Me gusta mucho!	Me gusta	Me gusta un poco	¡No me gusta nada!
2.	ACAMPAR	¡Me gusta mucho!	Me gusta	Me gusta un poco	¡No me gusta nada!
3.	PESCAR	¡Me gusta mucho!	Me gusta	Me gusta un poco	¡No me gusta nada!
4.	PATINAR EN EL LAGO	¡Me gusta mucho!	Me gusta	Me gusta un poco	¡No me gusta nada!
5.	ESQUIAR EN LAS MONTAÑAS	¡Me gusta mucho!	Me gusta	Me gusta un poco	¡No me gusta nada!
6.	JUGAR AL VÓLIBOL	¡Me gusta mucho!	Me gusta	Me gusta un poco	¡No me gusta nada!
7.	TOMAR EL SOL	¡Me gusta mucho!	Me gusta	Me gusta un poco	¡No me gusta nada!
8.	LEVANTAR PESAS	¡Me gusta mucho!	Me gusta	Me gusta un poco	¡No me gusta nada!
9.	HACER ALPINISMO *(to mountain climb)*	¡Me gusta mucho!	Me gusta	Me gusta un poco	¡No me gusta nada!
10.	MONTAR EN BICICLETA	¡Me gusta mucho!	Me gusta	Me gusta un poco	¡No me gusta nada!

4-6 Gustos

Fill in the chart with the missing elements. In some cases you may have to supply the things or activities liked. Follow the model.

MODELO	(Opcional)	Pronombre	Forma de **gustar**	Sustantivo o actividad(es)
	A él	le	gusta	el chocolate.
1.	A mí			los deportes.
2.		te	gusta	
3.	A Manolo			los caballos.
4.	A Miguel y a mí	nos		ver la televisión.
5.	A Laura		gustan	
6.		me		pescar y nadar.
7.	A usted		gustan	
8.	A ustedes			el equipo de los Yankees.
9.	A Federico y a Maribel		gustan	

4-7 ¿A quién le gusta?

Ana and her professor are discussing who likes what sports. Fill in the blanks with the appropriate indirect object pronouns (**me, te, le, nos, os, les**) or **a + mí, ti, él/ella, usted, nosotros/as, ellos/ellas.**

Ana: (1) _____ me gusta el vólibol. ¿(2) _____ le gusta?

Profesor: Sí, pero (3) _____ gusta más el fútbol. ¿(4) _____ te gusta?

Ana: ¡Sí, muchísimo! Usted conoce a Álvaro y a Luis. Bueno, pues

(5) _____ les gusta el fútbol también.

Profesor: ¿De verdad? ¿A Álvaro y a Luis (6) _____ gustan los deportes?

Ana: Sí, a ellos (7) _____ gusta el fútbol, el béisbol y el ciclismo.

Profesor: ¿Y el vólibol?

Ana: A Álvaro sí, pero Luis es diferente. (8) _____ no le gusta el vólibol,

pero a Álvaro (9) _____ gusta todo.

Profesor: ¡Ah! ¡Álvaro es el deportista por excelencia!

4-8 ¿A quién?

You are talking to your friend Liliana (the one who mumbles a lot), and you have to ask her to repeat herself. Use the references (in parentheses) to clarify what Liliana is saying. Follow the model.

MODELO: LILIANA: ¡... gustan las playas!
        TÚ: ¿A quién?
        LILIANA: (mi mejor amiga) *A mi mejor amiga le gustan las playas.*

LILIANA:	TÚ:	LILIANA:
1. ¡ . . . gusta Samanta!	¿A quién?	_____ (mi hermano)
2. . . . gustan las clases este semestre.	¿A quién?	_____ (yo)
3. . . . gustan los videojuegos.	¿A quién?	_____ (nosotros)
4. ¡ . . . gusta beber café!	¿A quién?	_____ (ustedes)
5. ¡ . . . no . . . gusta estudiar!	¿A quién?	_____ (los hijos del profesor)
6. . . . gusta comer y dormir.	¿A quién?	_____ (Olivia)

¡Manos a la obra!

2. Talking about the present: Regular -er and -ir verbs

4-9 El campamento de deportes

You've just received an e-mail from your daughter who is attending a sports camp. Fill in the sentences with the appropriate endings for the incomplete verbs.

Querida mamá:

¡Todo va bien aquí en "El campamento deportivo"! (1) **Viv**_____ con tres chicas de diferentes países en una cabaña muy chévere. Nosotras (2) **compart**_____ el cuarto y el baño, pero a veces, es difícil. Todas las mañanas a las siete, nosotras (3) **corr**_____ por una hora. Después, (4) **com**_____ en la cafetería y (5) **le**_____ las opciones para el día en el sitio web del campamento. Normalmente, a las nueve yo (6) **asist**_____ a una clase de yoga para relajarme mientras mis compañeras de cuarto (7) **aprend**_____ a jugar al tenis. Yo (8) **deb**_____ aprender a jugar, pero no me gusta y no es obligatorio. Me gusta todo aquí, pero los extraño (*miss all of you*). Yo (9) **cre**_____ que es importante comunicarse con la familia, por eso, yo (10) **escrib**_____ mensajes electrónicos cuando puedo.

Con mucho cariño,
Carla

4-10 Juanito en la escuela

Juanito's mother tells how much her son likes first grade. Fill in the blanks with the appropriate form of the verb in parentheses.

Juanito (1) _____ (aprender) mucho en la escuela, y
(2) _____ (creer) que el primer grado es estupendo. Todos los niños
(3) _____ (comer) en la cafetería y (4) _____ (beber)
leche con el almuerzo. Su padre y yo (5) _____ (vivir) a sólo un
kilómetro de la escuela, y a veces (6) _____ (compartir) nuestro
tiempo como voluntarios en su clase. Juanito (7) _____ (escribir)
las letras del alfabeto sin problemas y (8) _____ (leer) muy bien.
También (9) _____ (pintar) cuadros de dinosaurios, su animal preferido.
Cuando llega a casa por la tarde, (10) _____ (descansar) un poco y
después, juega con sus hermanos. ¡Le gusta mucho la escuela!

Escena 2
Diversiones con la familia y amigos
4-11 ¿Qué hacen?

Describe what Natalia and her family and friends are doing. Answer the questions in complete sentences.

¿Qué manda y recibe Natalia?

¿Con quién pasa el tiempo el abuelo?

¿Qué hace Rubén, el esposo de Natalia?

1. _____

   _____

2. _____

   _____

3. _____

   _____

¿Cómo canta el primo de Natalia?

¿Qué hacen los amigos de Natalia?

¿Qué le gusta hacer al hermano menor de Natalia?

4. _____

   _____

5. _____

   _____

6. _____

   _____

4-12 Chismes (Gossip)

Ana and Anselmo like to gossip. Read what they say to one another and based on the context of each sentence, circle the verb that would make sense.

1. Todas las mañanas, Rafael **(juega / sale)** de paseo con su perro.

2. Carlota **(va de compras / mira)** al centro comercial.

3. ¡Mi novio y yo **(viajamos / bailamos)** a Costa Rica en agosto!

4. Raúl nunca **(asiste / ve)** a los conciertos de rock.

5. Paloma y Juliana **(escriben / navegan)** por la Red constantemente.

6. Tú **(practicas / das)** fiestas cuando tus padres no están en casa.

7. Tomás y Pedro **(salen / miran)** programas muy tontos en la televisión.

8. Nuestros amigos siempre **(disfrutan / practican)** de las vacaciones.

¡Manos a la obra!

3. Talking about activities in the present: Verbs with an irregular yo form

4-13 ¡Yo, no!

Whenever you make a statement, your friend Ramón likes to point out that he is different. To find out what he says, complete his statements with the appropriate forms of the verbs in parentheses.

MODELO (ver) Juana _ve_ mucho la televisión.

Yo nunca _veo_ la televisión.

1. (dar) Juliana y Marta siempre _____ fiestas.

yo nunca _____ fiestas.

2. (poner) Mi amigo Roberto _____ sus cosas en orden.

Yo nunca _____ mis cosas en orden.

3. (traer) Todos los estudiantes _____ sus libros a clase.

Yo no_____ mis libros a clase.

4. (decir) Nosotros le _____ "hola" a la profesora Sampedro.

Yo no le _____ "hola" a la profesora Sampedro.

5. (venir) Mis amigos siempre _____ a clase temprano.

Yo _____ tarde.

6. (salir)   Ustedes _____ de paseo todos los días.

                 Yo no _____ de paseo.

7. (hacer)   Tú _____ ejercicio.

                 Yo nunca _____ ejercicio.

4-14 Anuncios clasificados

Read the following personal classified ad to find out what Roberto says about himself. Then, read the statements that follow and decide whether they are true or false by circling **C** for **cierto** or **F** for **falso**. If the statement is false, correct it by rewriting the statement.

> Soy joven y soltero y quiero conocer a una persona activa porque me gusta disfrutar de las actividades físicas. **Hago** ejercicio todos los días en el gimnasio y **salgo** con mis amigos los fines de semana para acampar y pasar el tiempo en la naturaleza. **Pongo** la televisión con poca frecuencia. **Veo** partidos de béisbol y de tenis, y nada más. Prefiero leer, y también me gusta mucho tocar la guitarra.

C F **1.** Roberto hace ejercicio solamente los fines de semana.

      _____

C F **2.** Con frecuencia sale con sus amigos para acampar.

      _____

C F **3.** Ve la televisión todas las noches.

      _____

C F **4.** Probablemente, Roberto es gordo.

      _____

C F **5.** A Roberto le gusta dar fiestas y tocar la trompeta.

      _____

Escena 3

El clima y las estaciones

4-15 El clima

Fill in each blank with the most appropriate vocabulary word from the the word bank.

árboles	estrellas	flores	luna
primavera	está nublado	hace viento	nieva

1. Cuando es el cumpleaños de mi madre, nosotros le damos _____.

2. En _____ hay flores y llueve mucho.

3. El sol sale durante el día y por la noche sale la _____.

4. En el jardín de la casa de mi mejor amigo hay _____ muy grandes.

5. Creo que va a llover porque el cielo _____.

6. En Canadá _____ mucho en invierno.

7. Me gusta caminar de noche para ver las _____.

8. En otoño _____ y los árboles tienen pocas hojas.

4-16 ¿Qué tiempo hace?

Describe the weather in each illustration, using as many weather expressions as applicable. Then state the probable season of the year.

MODELO

Hace sol.

Hace buen tiempo.

Es verano.

1. _____

_____

_____

4. _____

_____

_____

2. _____

_____

_____

5. _____

_____

_____

3. _____

_____

_____

6. _____

_____

_____

¡Manos a la obra!

4. Knowing facts, skills, people, and places: *Saber* and *conocer*

4-17 Razones

Complete the sentences with the appropriate form of the verb **saber** or **conocer**. Provide an explanation next to each sentence by choosing one from the lists.

Saber	Conocer
• to know a **fact/information** • saber + *infinitive* **to know how** to do something	• to **know** or be **acquainted** with a person, place, or thing • to **meet** a person for the first time

MODELO Juan _conoce_ a Ana María. _to know a person_

1. Nosotros _____ esquiar muy bien. _____

2. Ustedes _____ a la familia de Tomás. _____

3. ¿_____ (tú) el Lago Tahoe en California? _____

4. Yo _____ que te gustan mucho las montañas. _____

5. Ellas _____ la Biblioteca Nacional de Panamá. _____

6. Mi hermano _____ los carros Nascar muy bien. _____

7. ¿_____ tú cuál es la capital de Paraguay? _____

8. Mis padres _____ hablar italiano perfectamente. _____

9. Hoy Felipe va a _____ a los padres de su novia. _____

4-18 ¿Qué sabes? ¿Qué conoces?

Form eight complete sentences by combining elements from columns A and C with either **saber** or **conocer**. You may only use each element once!

Columna A	Columna B	Columna C
1. Yo		dibujar
2. Carlos		un restaurante cubano
3. Tú		el número de teléfono de Rosa
4. Los estudiantes	saber	que mañana hay un examen
5. Ustedes	conocer	al cantante Enrique Iglesias
6. La jugadora de vólibol		el nombre de mi novio
7. Andrea		el café de Colombia
8. Nosotros		que hay un canal en Panamá

1. _Yo sé..._ _____ .

2. _____ .

3. _____ .

4. _____ .

5. _____ .

6. _____ .

7. _____ .

8. _____ .

¡Manos a la obra!

5. Talking about the future: _Ir + a + infinitive_

4-19 ¿Qué vamos a hacer?

According to the items you see in your garage, say what you and the members of your family are going to do in the places indicated.

1. En casa, yo _voy a pintar_ _____, _____

   y _____ .

2. En la playa, mi hermano mayor _____ .

3. En el club, mi padre y su amigo _____

   y _____.

4. En la calle, tú _____.

5. En el río, mi tío _____.

6. En invierno, en el lago, mi hermana menor _____.

7. En Montana, en invierno, toda mi familia _____.

8. En verano, en las montañas, nosotros _____

   y _____.

9. En el campo, mi hermano menor y sus amigos

   _____ y

   _____.

Toque final

A.   ¡A escribir! Actividades y planes para las vacaciones

Describe in ten complete sentences (a) the activities, as determined by weather and season of the year, that you like to do with your family and friends and (b) the plans you have for future vacations (where you want to go, what you are going to do, and with whom).

Actividades y planes para las vacaciones

_____

_____

_____

_____

_____

_____

_____

_____

_____

_____

B.   Tu mundo cultural

Fill in the missing information.

1. Los dos deportes más populares del mundo hispano son el _____

_____ y el

_____.

2. En España, una de las actividades preferidas de los niños, jóvenes y mayores es el

_____.

3. A muchos jóvenes hispanos les gusta ir a los _____

_____

para conectarse a la Red.

4. El merengue es un baile original de _____

_____ y la

_____

es un baile original de Puerto Rico.

5. Portillo, la famosa estación de esquí está en _____

_____.

El Salto Ángel está en _____

y cerca de la Playa del Carmen están los templos _____.

de Tulúm y Chichén Itzá.

6. En las _____

Charles Darwin se inspira para la Teoría de la Evolución de las Especies.

La comida

Escena 1

En el mercado

5-1 Crucigrama

Completa el crucigrama con el vocabulario correspondiente relacionado con la comida.

Horizontales

1. De esta fruta se hace el vino.

5. Cuando se corta, muchos lloran (*cry*).

7. Hay variedades de esta fruta de color rojo, verde o amarillo.

8. Esta carne se come el Día de Acción de Gracias.

9. Es una verdura roja o verde.

11. Es una fruta que tiene mucha vitamina C.

Verticales

2. En el Caribe se come con frijoles.

3. Esta fruta abunda en Carolina del Sur y en Georgia.

4. Normalmente decimos que es una legumbre pero, realmente, es una fruta.

5. Es una fruta pequeña y roja que se asocia con George Washington.

6. Muchos estadounidenses comen esta carne por la mañana.

7. Allí se compra la comida.

10. Es una fruta muy grande, verde en el exterior y roja en el interior. Se come en verano.

12. Es un bulbo blanco que se usa como condimento, acompañado de la cebolla.

5-2 Comidas que se asocian

Escribe la palabra de la lista bajo la categoría que le corresponda.

camarón	cebolla	durazno	jamón	lechuga	limón	langosta	bistec

carnes	frutas	legumbres/verduras	mariscos

5-3 Cada semana

Para informar acerca del número de productos que se venden, se compran o se consumen cada semana en la Ciudad de México, escribe una oración completa con las siguientes palabras. Sigue el modelo.

MODELO   tienda San Miguelito / vender / 200 / bananas

En la tienda San Miguelito se venden doscientas bananas.

1. mercado Puentes / vender / 440 / bananas

_____

2. cafetería de la universidad / comprar / 215 / manzanas

_____

3. restaurante Chévere / usar / 536 tomates

_____

4. cafés de la Plaza de Oriente / vender / 871 / cafés con leche

_____

5. restaurante Sambors / comprar / 1.653 / tacos

_____

5-4 Cheques para un banquete

Este mes escribes unos cheques para las cosas que necesitas para la fiesta de Navidad de tu compañía. Escribe los números según el modelo.

1. Floristería Orquídea **17.700 pesos** _____*diecisiete mil setecientos pesos*_____

2. Panadería Las Delicias **9.887 pesos** _____

3. Marisquería La Perla **23.625 pesos** _____

4. Carnicería Ramón **12.468 pesos** _____

5. Frutería La Fresa **15.532 pesos** _____

6. Vinos y licores Don Pepe **70.940 pesos** _____

5-5 Una carta de tu amiga

Contesta las siguientes preguntas de tu amiga Andrea de Argentina. Contéstalas con oraciones completas.

Hola _____:

   ¿Cómo estás? Hoy voy al mercado con mi padre. Me gusta ir porque allí tienen gran variedad de comida y a precios muy buenos. Todas las frutas y verduras son muy baratas[1] y hay muchos productos de diferentes países. Por ejemplo, hay uvas de Chile, naranjas de España y café de Colombia. (1) Y en Estados Unidos, ¿hay muchas clases de comida? (2) ¿Tienen comida de otros países? (3) ¿Qué comida te gusta más?

   Por supuesto, aquí en el mercado se vende mucha carne como el bistec. Ya sabes que la carne de Argentina es famosa porque es muy buena. A mí me gusta más el pescado, pero a veces como carne porque tiene muchas proteínas. (4) Y a ti, ¿qué te gusta más, la carne o el pescado?

   Pienso ir a visitarte algún día. (5) ¿Puedes escribirme más acerca de las clases de comida que hay en tu ciudad?

Cuídate mucho,
Andrea

---

[1]inexpensive

1. _____

2. _____

3. _____

4. _____

5. _____

¡Manos a la obra!

1. Referring to people, places, and things: Direct object pronouns

5-6 Preparativos para una fiesta

Tus amigos tienen muchas cosas que hacer antes de una fiesta. Contesta las siguientes preguntas usando el objeto directo. Sigue el modelo.

MODELO ¿Quién va a comprar el pan? (Alonso)

Alonso va a comprarlo.
Alonso lo va a comprar.

1. ¿Quién va a contar el dinero? (Ellos)

   _____

   _____

2. ¿Quién va a preparar los mariscos? (Yo)

   _____

   _____

3. ¿Quién va a decorar la casa? (Ella)

   _____

   _____

4. ¿Quién va a comprar la fruta? (Tú)

   _____

   _____

5. ¿Quién va a buscar un Disk Jockey? (Manolo y yo)

   _____

   _____

6. ¿Quiénes van a invitar a los amigos? (Alberto y David)

   _____

   _____

5-7 En un café

Luisa está en un café y escucha lo que dicen las personas de otras mesas. Para saber lo que oye Luisa, completa los espacios en blanco con los pronombres de objeto directo: **me, te, lo, la, nos, los, las.**

Mesa nº 1

—Mi amor, el domingo ¿ _____ invitas a cenar en mi restaurante favorito?

—¡Claro! _____ voy a invitar a tu restaurante favorito y después, a bailar.

Mesa nº 2

—Quiero comprar dos orquídeas para mi tía Ana. ¿ _____ venden en el mercado?

—Sí, yo _____ compro allí siempre.

Mesa nº 3

—Todos los días llamo a mi novio. _____ llamo por la noche.

—¡Ah! Y a nosotras que somos tus mejores amigas, ¿por qué no _____ llamas?

Mesa nº 4

—Mesero, para mí, una ensalada. Y por favor, _____ quiero con muchos tomates.

—Muy bien, señora,... una ensalada con muchos tomates. ¿Y _____ quiere con cebolla también?

Mesa nº 5

—Sofía, ¿vas a mandar los mensajes hoy o _____ vas a mandar mañana?

—Prefiero mandar _____ mañana.

Escena 2

En el restaurante

5-8 Las especialidades de hoy

Llena los espacios con las comidas que Federico, un mesero del restaurante Lindamar, describe a sus clientes en distintas ocasiones del día. Usa las palabras de la lista sin repetirlas.

agua	café	huevos	jugos	pan	pescado
pollo	sándwich	té	tocino	vegetales	vinos

Buenos días. Para el desayuno hay (1) _____ fritos con (2) _____ y

(3) _____ tostado. Para beber hay (4) _____ con leche y

(5)_____ caliente.

***

Buenas tardes, señores. Hoy tenemos un almuerzo muy sabroso. Hay sopa de (6)

_____ y (7) un _____ de pavo con lechuga y tomate. Para beber

tenemos refrescos y varios (8) _____ naturales.

***

Bienvenidos a Lindamar. Los platos principales para la cena son (9) _____

del Atlántico a la parrilla y (10) _____ frito. Para beber tenemos gran

variedad de (11) _____ blancos o tintos de Chile y (12) _____

mineral con gas.

5-9 El menú del restaurante *El pescador*

Lee el menú y contesta las preguntas de la página siguiente.

Especialidad
en mariscos

Restaurante
El pescador

Precios
muy razonables

ENTRADAS

Sopa de mariscos
Sopa de pescado
Cóctel de camarones
Ensalada mixta
Verduras variadas
Anchoas en vinagre
Sardinas a la brasa
Ensaladas variadas

PESCADOS Y MARISCOS

Pescado frito
Camarones al ajo
Calamares en su tinta
Langosta con salsa rosa
Caviar del norte
Salmón con puré de papas

CARNES

Bistec a la parrilla
Chuletas
Pavo asado
Pollo al vino

POSTRES

Helados de frutas
Flan al coco
Frutas frescas
Arroz con leche
Quesos artesanales

Todos los platos
incluyen pan y vino o
cerveza y agua
mineral.

1. ¿Qué clase de comida se sirve en este restaurante?

_____

2. ¿Qué entrada te gusta más?

_____

3. ¿Qué plato principal vas a pedir?

_____

4. ¿Qué postres del menú prefieres?

_____

5. ¿Qué bebidas se sirven?

_____

6. En tu opinión, ¿la comida de este restaurante va a costar mucho o va a ser

económica? _____

¡Manos a la obra!

2. Talking about actions, desires and preferences in the present: Stem-changing verbs

5-10 Preguntas de tu amiga

Usa los verbos que siguen para completar las preguntas que te hace una amiga. Luego, contéstalas.

almuerzas	cuesta	duermes	juegas	pides	sirven	vuelves

1. ¿_____ platos vegetarianos en la cafetería de tu *college* o universidad?

_____

2. ¿_____ en la cafetería todos los días?

_____

3. Por lo general, ¿cuánto _____ tu almuerzo?

_____

4. Por la tarde, ¿_____ al fútbol con tus amigos/as?

_____

5. Si cenas en un restaurante, ¿qué _____ normalmente?

_____

6. ¿A qué hora _____ a casa por la tarde o por la noche?

_____

7. Por lo general, ¿cuántas horas _____?

_____

5-11 Preguntas de tu profesor/a

Con la información que sigue, escribe las preguntas de tu profesor/a. Luego, contéstalas según el modelo.

Nuestro/a profesor/a dice:	Los otros estudiantes y yo contestamos:
(*almorzar en la cafetería*)	
1. *¿Almuerzan en la cafetería?*	**1.** *Sí, (No, no) almorzamos en la cafetería.*
(*pensar estudiar mucho para el examen*)	
2. _____	**2.** _____
(*poder estudiar toda la noche sin dormir*)	
3. _____	**3.** _____
(*preferir leer o escribir*)	
4. _____	**4.** _____
(*dormir en la clase*)	
5. _____	**5.** _____

5-12 Una cita (*date*) especial

Describe lo que haces cuando tienes una cita con una persona muy especial. Contesta las siguientes preguntas con oraciones completas.

1. ¿Con quién tienes la cita?

_____

2. ¿Adónde piensas ir?

_____

3. ¿A qué hora quieres salir?

_____

4. ¿A cuál de tus restaurantes favoritos prefieres ir?

_____

5. ¿Qué se sirve en ese restaurante?

_____

6. Generalmente, ¿qué pides allí para cenar?

_____

7. ¿Qué bebida prefieres?

_____

8. Normalmente, ¿quién paga?

_____

9. ¿A qué hora vuelves a casa?

_____

Escena 3

Preparativos para una fiesta

5-13 ¡Qué obvio!

Ordena las siguientes letras para formar las palabras. Luego, lee las oraciones (pág. 65) y complétalas con la palabra adecuada.

1. AVOS   _____

2. ACURACH   _____

3. APOC   _____

4. ZAAT   _____

5. INDAREEM   _____

6. RCAORT   _____

7. IMPIETAN   _____

8. TACAENIU   _____

1. Una _____ saludable (*healthy*) entre el almuerzo y la cena es una fruta.

2. Es importante _____ la carne en trozos (*pieces*) pequeños para comerla más fácilmente.

3. La _____ es una especia (*spice*) negra que se sirve con la sal.

4. El aceite de oliva se obtiene de la _____.

5. Normalmente tomamos agua en un _____.

6. Para comer sopa de vegetales, usamos una _____.

7. Por la mañana usamos una _____ para tomar el café o el té.

8. Para tomar vino tinto, se usa una _____.

5-14 ¡Maleducado! *(Bad mannered!)*

Magdalena se queja (*complains*) de un amigo que es muy maleducado. Llena los espacios con el vocabulario de la lista. Conjuga los verbos en presente.

hambre	mantel	preparar	probar	regalos	sed	tenedor

Cuando salimos a comer con Álvaro, es siempre una mala experiencia. En la mesa, si él tiene (1) _____ o (2) _____ (3) _____ un poco de los platos y vasos de todos nosotros. Para limpiarse las manos (*wipe his hands*), ¡usa el (4) _____ en vez (*instead*) de la servilleta! Cuando se sirve carne, usa el (5) _____ en vez del cuchillo para cortarla. Nunca compra (6) _____ para las fiestas de cumpleaños. Y cuando todos tenemos que contribuir con comida para una fiesta, él no (7) _____ nada. ¡Es un chico muy maleducado!

¡Manos a la obra!

3. Saying that an action is in progress: The present progressive

5-15 ¿Qué están haciendo?

La madre de Inés está de viaje y llama a su hija para saber qué está haciendo cada miembro de la familia. Escribe oraciones con las siguientes palabras. Sigue el modelo.

MODELO   tu hijo mayor / estar / tocar la guitarra

Tu hijo mayor está tocando la guitarra.

1. todos los otros / estar / cenar / en la cocina

_____

2. yo / estar / servir / la cena

_____

3. Pedrito / estar / comer / la sopa sin cuchara

_____

4. papá / estar / leer / el periódico en la mesa

_____

5. el gato / estar / dormir / en la cocina

_____

6. María y su amiga / estar / ver / la televisión

_____

7. el abuelo / estar / probar / un jugo de frutas delicioso

_____

8. ¿qué / estar / hacer / tú?

_____

5-16 ¡Todos están ocupados!

Indica lo que están haciendo en este momento las siguientes personas.

1 Inés. . . _____

2 Linda y Manuel. . .

3 Alfonso. . . _____

4 Octavio. . . _____

_____ _____ _____ _____

5 Manuel. . . _____

6 Cecilia. . . _____

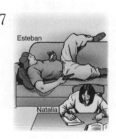

7 Esteban. . . _____

8 Pepita y Esteban. . .

_____ _____ _____ _____

y Natalia. . . _____

_____

Toque final

A. ¡A escribir! Una fiesta

Describe una fiesta que vas a dar. Contesta las siguientes preguntas o inventa tus propias oraciones. Escribe como mínimo diez oraciones.

- ¿Cuándo es la fiesta?
- ¿Dónde y a qué hora quieres celebrarla?
- ¿A quiénes piensas invitar?
- ¿Qué comidas vas a servir? ¿Y cuáles puedes preparar tú?
- ¿Qué bebidas pides generalmente en las fiestas? ¿Cuáles vas a servir?
- ¿Qué música prefieres? ¿Vas a poner música para tus invitados?
- ¿Piensas tener un grupo de músicos?
- ¿Se puede bailar en tus fiestas? ¿Qué sabes bailar?
- ¿Algo más?

Una fiesta

_____

_____

_____

_____

_____

_____

_____

_____

_____

_____

_____

_____

_____

_____

B.   Tu mundo cultural

Marca las casillas ☐ y completa los espacios en blanco.

1. Pon una marca en la casilla correspondiente para indicar el intercambio de productos entre Europa y América a partir de 1492.

    Productos que llegaron *de Europa a América:*

    ☐ papa   ☐ caña de azúcar   ☐ trigo   ☐ banana   ☐ tomate   ☐ naranja

    Productos que llegaron *de América a Europa:*

    ☐ maíz   ☐ papa   ☐ tomate   ☐ cebolla   ☐ tabaco   ☐ vainilla   ☐ cacao

2. El primer productor mundial de caña de azúcar es _____.

    El primer productor mundial de aceite de oliva es _____.

    El primer productor mundial de chicle (*chewing gum*) es _____.

    El segundo productor mundial de café es _____.

3. Los _____ se cuecen al vapor en hojas de maíz o plátano. Son una especialidad de Guatemala, Puerto Rico, México y otros países hispanoamericanos.

4. El _____ y la _____ son dos especialidades del Caribe. El _____ es una especialidad de Perú y Ecuador, y una especialidad de España es la _____.

5. Cita dos recetas hispanas que conoces: _____ y _____.

6

En casa

Escena 1

Cuartos, muebles y otras cosas

6-1 Crucigrama

Completa el crucigrama con el vocabulario correspondiente relacionado con la casa.

Horizontales

2. Es donde dormimos.

3. Es el lugar exterior de la casa donde hay árboles y flores.

4. Es donde estacionamos el carro.

5. Es un mueble o espacio donde ponemos la ropa.

7. Es un mueble donde una persona pasa el tiempo leyendo o viendo la televisión.

Verticales

1. Es el electrodoméstico que se usa para lavar los platos.

2. Es el cuarto donde cenamos con la familia.

5. Es lo que se usa en la cocina para preservar la comida y las bebidas.

6. Es lo que usamos para subir al segundo piso.

6-2 La casa

Mira el dibujo y las flechas (*arrows*) que apuntan a cada objeto. Luego, escribe la palabra que corresponde con el artículo definido correspondiente, según el modelo.

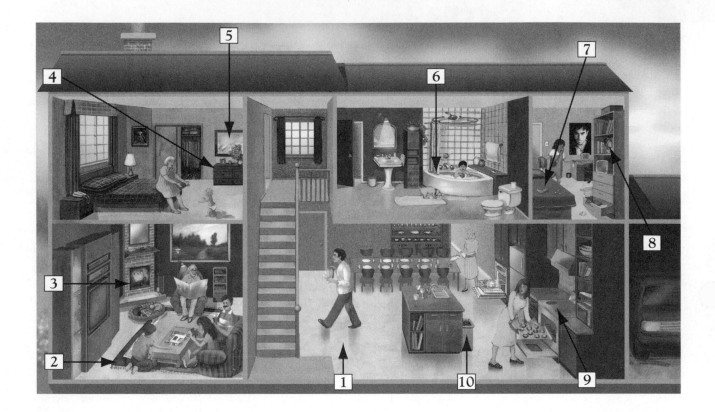

1. <u>*el piso (o) el suelo*</u>   6. _____

2. _____   7. _____

3. _____   8. _____

4. _____   9. _____

5. _____   10. _____

6-3 ¿En qué cuarto están?

Mira las columnas A y B e identifica en qué cuarto están los siguientes muebles y cosas de la casa. No se pueden repetir palabras. Luego, escribe oraciones completas para explicarlo según el modelo.

A	B
1. ropero	a. baño
2. ducha	b. sala
3. alfombra	c. comedor
4. refrigerador	d. dormitorio
5. sofá	e. cocina
6. mesa y sillas	f. piso de la sala

1. _d. El ropero está en el dormitorio._____.

2. _____.

3. _____.

4. _____.

5. _____.

6. _____.

6-4 ¿Qué pasa en la cocina?

Indica si cada oración que describe lo que ocurre en la cocina es cierta o falsa. Si es falsa, corrígela.

MODELO	**Nadie** llama por teléfono.	C Ⓕ	*Alguien* llama por teléfono.
1. Nadie va a contestar el teléfono.		C F	
2. Alguien está preparando la comida.		C F	
3. Posiblemente, no hay **nada** en el refrigerador.		C F	
4. Hay **algo** en el fregadero.		C F	
5. Nadie está lavando los platos.		C F	
6. Alguien está comiendo.		C F	

6-5 ¿Qué apartamento?

Lee los siguientes anuncios clasificados de apartamentos y las descripciones de lo que buscan las personas. Luego, escribe en cada espacio en blanco la letra del anuncio que mejor satisface las necesidades de las siguientes personas.

Posibles inquilinos (*renters*)

A. Pareja seria y responsable busca apartamento de dos pisos para todo el año, que tenga buen acceso a la autopista. Se necesita garaje para dos carros y dos dormitorios como mínimo, y también, un ático. Responder a: Julio Montero (439) 536-1987.

B. Hola, soy diseñadora de interiores. Tengo 22 años. Busco apartamento en alquiler. Es urgente. Soy responsable y tranquila. Necesito lugar moderno con cocina grande y piscina. Responder a: Rebeca Soto (539) 836-8291.

C. Busco apartamento en la playa con balcón grande o terraza y con electrodomésticos, pero sin muebles, porque tengo todo. Soy una chica de 28 años. Vivo con mis padres, pero quiero la libertad de vivir fuera de casa. Soy limpia, respetuosa, sociable y tolerante. Contrato indefinido de 2 a 5 años. Responder a: Marta Solano (739) 882-8761.

Apartamentos para alquilar

1. _____ En *Las Villas* tenemos apartamentos con cocinas fantásticas de estilo europeo. Los cuartos están completamente alfombrados. Son apartamentos acogedores[1], situados en zona tranquila, están limpios y recién remodelados. Tienen también piscina olímpica y estacionamiento. Llamar al 342-583-5743.

2. _____ En *Las Brisas* tenemos apartamentos con vistas al mar. Hay apartamentos amueblados y no amueblados con piso de cerámica. Estamos ubicados en el centro. Los apartamentos están limpios y equipados con toda clase de electrodomésticos. Llamar al 285-342-4813.

3. _____ En *Los Sueños* tenemos casas y apartamentos con 2, 3 y hasta 4 cuartos alfombrados. Estamos cerca de la autopista. Los apartamentos están limpios y situados en una zona tranquila. Tienen un ático grande. El alquiler incluye servicio de lavandería[2] y estacionamiento para varios carros. Llamar al 429-574-2819.

[1]cozy, [2]laundry

Nombre _____ Fecha _____

¡Manos a la obra!

1. Expressing relationships in space and time: More about prepositions

6-6 En casa

Haz un círculo alrededor de la preposición más lógica para indicar dónde están los siguientes muebles y cosas de la casa, o lo que hacen o dónde están las personas que viven allí.

1. El jardín está **dentro de / fuera de** la casa.

2. El perro corre **por / durante** el jardín.

3. La sala está **detrás del / acerca del** comedor.

4. El baño está **entre / para** el dormitorio y la cocina.

5. El lavabo está **al lado de / debajo de** la bañera.

6. **Al / Por** llegar a casa todos dicen "hola".

7. La abuela lee un libro **en vez de / acerca de** las alfombras orientales.

8. El abuelo toma una siesta por la tarde **después del / antes del** almuerzo.

9. El hijo está **dentro del / cerca del** televisor mirando un partido de fútbol.

10. La madre está **enfrente de / encima de** la estufa.

11. El padre pone en la mesa las copas **para / por** el champán.

12. El gato, **en vez de / sobre** subir las escaleras, las baja.

13. El perro duerme **encima de / debajo de** la mesa del comedor.

14. Los niños están listos **para / detrás de** salir a jugar.

6-7 Todos se divierten en la fiesta

Completa las oraciones con las preposiciones de la lista, según el dibujo de la página 74.

al lado de	delante de	detrás de	enfrente de	entre

1. Ana está _____ Tomás y Rafael.

2. Felipe está _____ Roberto.

3. Aurora está _____ Roberto.

4. Eduardo está _____ Tomás.

5. Susana está _____ Pablo. ¡Están bailando!

Susana Pablo Felipe Roberto Aurora

Eduardo

Tomás Ana Rafael

6-8 ¡Tantas actividades!

Indica lo que hacen las siguientes personas **antes, después** o **en vez de** hacer ciertas cosas. Completa las oraciones según los dibujos y usa la imaginación cuando sea necesario.

1.

Después de _*preparar*_ la ensalada, la señora va a _*cocinar el arroz con pollo.*_

2.

En vez de _____ la televisión, Esteban debe _____.

3.

Pepita siempre _____ ejercicio antes de _____.

4.

Después de _____ al básquetbol, Javier y su amigo van a _____.

5.

Antes de _____ del trabajo, Carmen va a _____.

6.

Linda tiene mucha tarea, pero está muy cansada. En vez de _____,

ella _____.

6-9 Ágata y Raúl

Completa el diálogo con los pronombres preposicionales que siguen.

mí	conmigo	ti	contigo	él	nosotros

Raúl: Ágata, ¿quieres salir (1) _____ esta noche? Me muero por verte.

Ágata: Sí, mi amor. Voy (2) _____ adonde quieras.

Raúl: Pues, te voy a llevar a un lugar muy especial y... ¡tengo una sorpresa

maravillosa para (3)_____!

Ágata: ¿Para (4) _____? ¡Eres un ángel, Raúl! A (5) _____

me encantan las sorpresas. Yo también tengo una sorpresa

para (6) _____.

Raúl: ¿Ah, sí? ¿Cuál es?

Ágata: Pues, no vamos a estar solos esta noche porque mi hermanito menor tiene

que venir con (7) _____.

Raúl: ¿Con (8) _____? ¿No pueden tus padres quedarse (*stay*) con

(9) _____?

Ágata: Raulito, sé flexible. ¿No quieres hacerlo por (10) _____?

Raúl: Bueno, está claro que esta noche vamos a ser tres.

Ágata: Gracias, mi amor.

¡Manos a la obra!

2. Pointing out things and people: Demonstrative adjectives and pronouns

6-10   En la tienda de muebles

Vas a comprar muebles y artículos para tu casa y le preguntas al empleado de la tienda cuánto cuestan ciertas cosas. Usa los adjetivos y pronombres demostrativos según el modelo. **Aquí =** muy cerca; **ahí =** a poca distancia; **allí =** lejos.

		AQUÍ AHI ALLÍ
1. cuadro		*¿Cuánto cuesta* **este** *cuadro,* **ése** *y* **aquél***?*
2. sofá		
3. mesa		
4. sillones		
5. lámparas		

6-11   ¿Éste, ése o aquél?

Estás en la pastelería y quieres comprar varias de las especialidades. Para indicar lo que deseas, usa el adjetivo demostrativo apropiado según la distancia.

1. (torta de chocolate) *Deseo* **esta** *torta de chocolate.* _____

2. (pastel de manzana) _____

3. (panecillos) _____

4. (*croissants*) _____

5. (pan de frutas) _____

6. (galletas de chocolate) _____

7. (pastel de fresa) _____

8. (empanadas de maíz) _____

9. (panes de queso) _____

Escena 2

La vida diaria

6-12   ¿Qué se necesita?

Escoge la palabra apropiada para indicar lo que se necesita para hacer las siguientes acciones. Sigue el modelo.

MODELO   Para lavarse el pelo se necesita _champú_ .

champú	jabón	una toalla	un despertador	un peine	un secador

1. Para peinarse se necesita _____.

2. Para secarse las manos (*hands*) se necesita _____.

3. Para lavarse las manos se necesita _____.

4. Para despertarse por la mañana se necesita _____.

5. Para secarse el pelo se necesita _____.

6-13 ¿Qué hacen?

Son las ocho de la noche en la residencia estudiantil. Muchos de los estudiantes se preparan para salir. Indica lo que hacen según el dibujo.

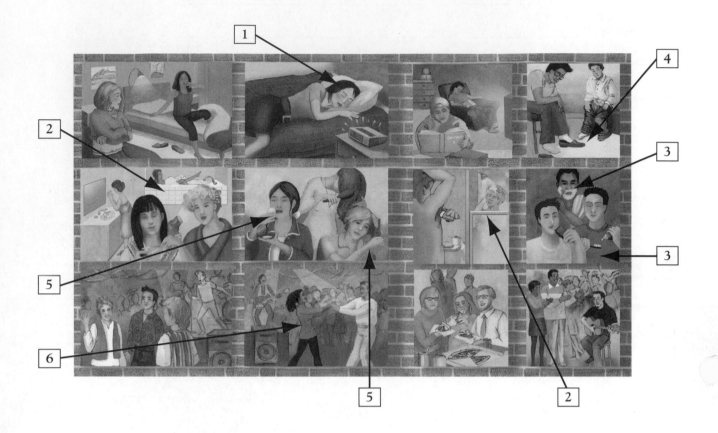

1. Alicia está durmiendo la siesta. Cuando suena el despertador, se ___despierta___.

2. Antes de salir, Cristina se _____ y Alfonso se _____.

3. Felipe se _____ antes de cepillarse los dientes y José se

   _____ los dientes después de afeitarse.

4. Después de vestirse, Alex se _____ los zapatos.

5. Antes de ir a la fiesta, Inés, la chica morena, se _____ y Pepita, la

   rubia, se _____.

6. Linda está muy contenta. Se _____ mucho con Manuel en la fiesta.

Nombre _____ Fecha _____

¡Manos a la obra!

3. Talking about daily routines: Reflexive verbs

6-14 Las rutinas

Indica lo que hacen normalmente las siguientes personas utilizando los verbos entre paréntesis.

Todas las mañanas (1) __me despierto__ a las ocho, pero no

(2) _____ (levantarse) hasta las ocho y media.

Luego, (3) _____ (ducharse) y

(4) _____ (peinarse). Finalmente,

(5) _____ (vestirse) rápidamente.

Todas las noches tú (6) _____ (lavarse) la cara y

(7) _____ (cepillarse) los dientes. Sandra

(8) _____ (ponerse) el pijama y

(9) _____ (acostarse) a medianoche.

Antes de salir nosotros (10) _____ (afeitarse) y

(11) _____ (peinarse). Las chicas

(12) _____ (maquillarse). Después, ellas

(13) _____ (cortarse) y

(14) _____ (pintarse) las uñas.

6-15 Antes y después

Completa las oraciones. Usa la forma correcta del verbo correspondiente de la lista.

acostarse	dormirse	cepillarse	ponerse	sentarse

1. Antes de_____ _dormirme_____, siempre pienso en mi familia.

2. Después de desayunar, voy a _____ los dientes.

3. Siempre nos lavamos las manos antes de _____ a la mesa.

4. Después de quitarse la ropa, los niños van a _____ el pijama.

5. ¿Vas a terminar la tarea antes de _____?

6-16 ¿Qué están haciendo?

Combina cada oración de la primera columna con el verbo que le corresponde de la segunda. Luego, completa la segunda oración de dos maneras, según el modelo.

1. Son las siete de la mañana y suena el despertador. Julio...	a. vestirse (i)
2. Son las nueve de la noche. Los niños...	b. bailar y divertirse (i)
3. Son las cinco de la tarde en la oficina. Juan...	c. despertarse
4. Vamos pronto a la fiesta. Mi amiga y yo...	d. dormirse (u)
5. Se oye la música de la fiesta. Los jóvenes...	e. reírse (i)
6. Alguien contó un chiste (*told a joke*). Mis amigos...	f. despedirse (i) de sus colegas

1. *c. Julio está despertándose. (o) Julio **se** está despertando.* _____

2. _____

3. _____

4. _____

5. _____

6. _____

6-17 ¿Cómo o cuándo lo hacen?

Lee las siguientes oraciones. Luego, escríbelas de nuevo, pero substituyendo las palabras *en cursiva* por un adverbio. Forma cada adverbio a partir del adjetivo de la lista que mejor corresponda. No se repiten adverbios.

constante	frecuente	general	inmediato	lento	rápido	tranquilo

1. Los lunes me levanto *poco a poco*.

   Los lunes me levanto lentamente. _____

2. Mis hermanas se maquillan *en tres minutos*.

   _____

3. Mi hermano menor juega con los videojuegos *todas las tardes* y *todas las noches*.

   _____

4. *Todos los viernes*, mis padres se reúnen con sus amigos.

   _____

5. Los domingos mi madre se baña *con tiempo suficiente*.

_____

6. *Casi todos los domingos*, después de la cena, mi familia se divierte jugando al monopoly.

_____

7. Cuando vuelvo a casa por la noche, mi perro viene a verme *al instante*.

_____

Escena 3

Los quehaceres domésticos

6-18 Los quehaceres domésticos

¿Qué hacen las siguientes personas? Completa las oraciones con la información que falta (*is missing*).

1.

Felipe _____
la basura.

2.

Ahora _____
de los muebles.

3.

Y pasa la _____.

4.

Alicia _____ el
cuarto y luego, va a _____
_____ la ropa en la cómoda.

5.

Tomás _____
la _____.

6.

Alberto _____ y
después, _____
los platos.

7.

Alberto _____ la
mesa y después de la cena,
_____ la mesa.

8.

Tina y Samuel
_____ las plantas.

9.

Ahora Samuel
_____ el césped.

¡Manos a la obra!

4. and 5. Giving orders and advice: Informal commands
(tú affirmative and negative)

6-19 Los preparativos

Vas a dar una fiesta en tu casa esta noche, pero necesitas ayuda de tus amigos para prepararlo todo y limpiar tu casa. Pídeles ayuda usando los mandatos informales.

1. "Ana, _____ (ordenar) la sala y los cuartos, por favor."

2. "Enrique, _____ (lavar) los platos que están en el fregadero."

3. "Catalina, _____ (barrer) el patio."

4. "Pepe, _____ (hacer) las camas."

5. "Fernando, _____ (cocinar) la carne ahora."

6. "José, _____ (poner) las flores en la mesa."

7. "Gerardo, _____ (venir) aquí para ayudarme a preparar los sándwiches."

8. "Juan, _____ (servir) los refrescos."

6-20 Consejos y recomendaciones

¿Qué les dices a las siguientes personas? Lee cada situación y haz un círculo alrededor del mandato informal que corresponde.

1. Tu amigo está triste porque tiene que hacer los quehaceres de su casa esta semana. El problema es que siempre ve la televisión hasta las 2:00 de la mañana y se siente cansado. Tú le dices:

   a. no ves la televisión   **b.** no ve la televisión   **c.** no veas la televisión

2. Tu hermano, David, necesita ir muy elegante a su graduación, pero su camisa está arrugada (*wrinkled*). Tú le dices:

   a. planchas tu camisa   **b.** plancha tu camisa   **c.** planches tu camisa

3. Cuando tu hijo sale con sus amigos por la noche, siempre le dices:

   a. no vuelvas tarde   **b.** vuelves tarde   **c.** no vuelve tarde

4. Tu hijo regresa a casa a las tres de la mañana e inventa excusas. Tú le dices:

   a. dices la verdad (*the truth*)   **b.** dime la verdad   **c.** no me diga la verdad

5. Los sábados, a tus padres les gusta hacer los quehaceres temprano para poder disfrutar del resto del día. Por la mañana, te dicen:

   a. no te levantes   **b.** levántate   **c.** te levantas

6. Te sientes frustrado/a porque quieres aprender español rápidamente. Tu profesora te dice:

   a. no tienes paciencia   **b.** tengas paciencia   **c.** ten paciencia

7. Tu compañero de apartamento tiene muchísima tarea y un examen de biología mañana. Tú le dices:

   a. no sales esta noche   **b.** no sale esta noche   **c.** no salgas esta noche

8. Tu hermana menor quiere jugar al básquetbol en la sala, pero tu madre le dice:

   a. juega en la sala   **b.** no juegues en la sala   **c.** no juegas en la sala

6-21   En el restaurante

¿Qué le dice una persona muy mandona (*bossy*) a su pareja? Escribe los mandatos afirmativos y negativos correspondientes y el pronombre en el lugar apropiado. Sigue el modelo.

MODELO   mirar el menú ahora   *Míralo ahora.*

No lo mires ahora.

1. poner la servilleta aquí   _____

   _____

2. probar la carne   _____

   _____

3. beber el agua   _____

   _____

4. pedir el postre especial   _____

   _____

5. pagar la cuenta   _____

   _____

Toque final

A. ¡A escribir! ¿Quién hace los quehaceres domésticos en tu casa?

Escribe diez oraciones completas acerca de las tareas domésticas que haces tú y las que hacen los miembros de tu familia o las personas con quienes vives.

¿Quién hace los quehaceres domésticos en tu casa?

_____

_____

_____

_____

_____

_____

_____

_____

_____

_____

B. Tu mundo cultural

Después de leer las secciones culturales de este capítulo, responde a las siguientes preguntas con oraciones completas.

1. En Latinoamérica y en España, la mayoría de la gente de las ciudades y pueblos grandes vive en_____.

2. Tres elementos característicos de las casas de estilo tradicional español son _____, _____ y _____.

3. La mayoría de los hispanos almuerza todos los días con su _____ en su _____.

4. En los países hispanos los domingos y durante la hora del almuerzo no están abiertas _____.

5. Con la reciente incorporación de la mujer hispana al trabajo, cada vez hay más parejas que se dividen _____.

Capítulo 7

La ciudad

Escena 1

En la ciudad

7-1 Crucigrama

Completa el crucigrama con las palabras que corresponden.

Horizontales

2. En la tienda por … venden de todo.

5. Esperamos el autobús en la …

6. Para comprar pan dulce y tortas vamos a una …

7. Los carros pasan por el … para llegar a la isla.

Verticales

1. Vamos a la oficina de … para mandar cartas.

3. Muchas personas van a la … todos los domingos.

4. Para ver películas me gusta ir al … Amenábar

5. En la nueva … de Almodóvar hay muy buenos actores.

6. Podemos hacer ejercicio, ir de picnic, o reunimos con amigos en el …

7-2 ¡Adivina!

Estás jugando con tus amigos a adivinar (*guess*) las palabras que ellos describen.
Empareja cada palabra con su descripción.

1. Es donde se espera el tren. _____   **a.** el banco

2. Es lo opuesto de la salida. _____   **b.** el rascacielos

3. Vamos allí para depositar dinero. _____   **c.** la pastelería

4. Es donde compramos periódicos. _____   **d.** el buzón

5. Es un edificio muy alto. _____   **e.** la estación

6. Allí compramos objetos de oro y diamantes. _____   **f.** el cine

7. Es donde se venden galletas, pasteles y tortas. _____   **g.** la joyería

8. Ponemos el correo en su interior. _____   **h.** la entrada

9. No es un periódico, pero también se lee. _____   **i.** el quiosco

10. Vamos allí para ver películas. _____   **j.** la revista

7-3 Mi viejito favorito

Para conocer a un amigo de Ramón, completa el párrafo con las palabras de la lista
que mejor correspondan.

motocicletas
periódicos
peatones
salida
noticias
semáforo
¡Que lo pases bien!
esquina
banco

Cerca de mi apartamento, en la Puerta del Sol, en la (1) _____

de la Calle Atocha y el Paseo del Prado, hay un quiosco donde venden

(2) _____ y revistas. Paso por ese lugar todos los días para

comprar un periódico y sentarme (sit) en un (3) _____ a leer

las (4) _____ del día. También me gusta pasar por allí para

hablar con el vendedor del quiosco, un viejo amigo de mi papá. Cerca del quiosco hay

una (5) _____ de un estacionamiento subterráneo por donde

salen carros y (6) _____. Como hay muchos, Don Ernesto, el

vendedor, siempre me dice, "¡Atención!". También dice que los

(7) _____ que cruzan la calle cuando el

(8) _____ está verde deben mirar bien porque muchos

manejan muy rápido y no respetan las normas. Tengo treinta años, pero Don Ernesto

me dice todo eso siempre que me ve. Cuando me voy de allí siempre me dice

(9) "_____" ¡Qué viejito más simpático!

¡Manos a la obra!

1. Giving orders and instructions: Formal commands (*Ud.* and *Uds.*)

7-4 ¡Indícale cómo ir!

Estás en una ciudad nueva y no sabes ir al hotel. Un peatón te explica cómo llegar a tu
destino. Completa las instrucciones con los mandatos usando los verbos entre paréntesis.
Usa también las palabras **derecha, izquierda** o **recto**, según indican las flechas (*arrows*).

Primero, (1) _____ (salir) Ud. por aquí y (2) _____ (ir) tres

kilómetros al norte. Luego, (3) _____ (doblar) a la (4) _____

(←) en la calle que está inmediatamente antes de la estación de tren. Después,

(5) _____ (seguir) (6) _____ (↑) 200 metros.

(7) _____ (doblar) a la (8) _____ (→) en la calle principal

y (9) _____ (cruzar) el puente. (10) _____ (pasar) por el

centro y la oficina de correos. Finalmente, (11) _____ (manejar)

200 metros hasta llegar al Hotel Florida. ¡Ah! y si Ud. tiene problemas,

(12) _____ (volver) a preguntar.

7-5 ¿Qué hacemos, jefe (*boss*)?

Eres el jefe de una sección de la tienda por departamentos y tus empleados siempre te hacen preguntas. Contéstalas con el mandato del verbo en cursiva y los pronombres **lo, la, los** o **las** en vez de las palabras subrayadas (*underlined*). Sigue el modelo.

MODELO   ¿Dónde *pongo* los jeans?

                Póngalos (Ud.) en la mesa.

1. ¿Dónde *guardo* esta ropa?

   _____ (Ud.) en el departamento de jóvenes.

2. ¿Puedo *tomar* un descanso?

   _____ (Ud.) más tarde.

3. ¿*Ordeno* los suéteres?

   _____ (Ud.) muy bien, por favor.

4. ¿Dónde *buscamos* la información?

   _____ (Uds.) en la computadora.

5. ¿Dónde *ponemos* los pantalones?

   _____ (Uds.) en los estantes.

6. ¿Cuándo *pasamos* la aspiradora?

   _____ (Uds.) todas las noches.

7. ¿A qué hora *cerramos* las puertas?

   _____ (Uds.) a las ocho de la noche.

¡Manos a la obra!

2. Talking about what happened: The preterit tense of regular -*ar* verbs

7-6 ¿Antes o ahora?

Indica con un círculo si las siguientes oraciones expresan acciones del presente o del pasado.

1. pasado   presente   Leonel visitó el museo.

2. pasado   presente   Pasamos por el parque anteayer.

3. pasado   presente   Descanso por las tardes.

4. pasado   presente   Generalmente estudiamos por la noche.

5. pasado   presente   Miguelito miró la televisión anoche.

7-7 Un día extraño en el metro

Ayer tu amiga vivió una mala experiencia en el metro. Lee lo que dice y luego ponlo en orden cronológico del 1 al 9.

_____ a) Unos momentos después, un chico sacó (*took out*) una pistola.

_____ b) Entré a la estación y esperé muy poco.

_____ c) El joven me gritó (*yelled*), "¡Levante las manos!"

_____ d) El tren llegó muy pronto.

_____ e) ¡Qué miedo (*fear*) pasé!

_____ f) Llegué a la estación de tren temprano.

_____ g) Una señora le tomó la pistola al chico.

_____ h) Grité "¡Ayúdenme!"

_____ i) La señora se disculpó y exclamó: "La pistola es un juguete (*toy*) de mi hijo."

7-8 ¿Qué tal la semana pasada?

Roberto es muy curioso y siempre quiere saber lo que hacen sus amigos. Completa las preguntas y respuestas que siguen para saber lo que hizo su amigo Luis la semana pasada.

MODELO   caminar / por el centro / miércoles pasado

Roberto: *¿Caminaste por el centro el miércoles pasado?*

Luis: No, *no caminé por el centro el miércoles pasado.*

1. entrar / al banco / jueves pasado

   Roberto: ¿ _____?

   Luis: *Sí,* _____ .

2. visitar / el museo de arte / sábado pasado

   Roberto: ¿ _____?

   Luis: *No, no* _____ .

3. pasar por / la zapatería / semana pasada

   Roberto: ¿ _____?

   Luis: *No, no* _____.

4. jugar / al fútbol / fin de semana pasado

   Roberto: ¿ _____?

   Luis: *Sí,* _____.

Escena 2

La vida urbana

7-9 Preparativos

Rosa y sus amigos siempre pasan mucho tiempo preparándose antes de salir a bailar. Para saber lo que hacen, completa las oraciones con el vocabulario de la lista. Usa el presente.

encontrarse	hacer	cortarse	teñirse
gente	llevar	cobrar	abrocharse
licencia	pintarse	terminar	cajero automático

1. Por la tarde mis amigas y yo _____ el pelo en la peluquería.

2. Mañana voy a la peluquería para _____ el pelo.

3. Luego ellas van al banco y sacan dinero del _____.

4. Después, nosotras _____ las uñas en mi apartamento.

   Cuando todas _____ de prepararnos, salimos. A las siete

   _____ con nuestros amigos en una plaza y buscamos un taxi.

5. Yo _____ el cinturón porque los taxistas manejan muy rápido.

6. Luego el taxista nos _____ a la discoteca y nosotros

   _____ fila en la puerta.

7. La discoteca _____ cinco pesos por persona.

8. Esa discoteca es un poco estricta y ellos normalmente piden la

   _____ de manejar u otra forma de identificación.

9. Casi toda la _____ baila toda la noche y todos se divierten.

¡Manos a la obra!

3. Talking about what happened: The preterit tense of -er and -ir verbs

7-10 ¡Qué día!

Arcelia y tu amiga pasaron un día difícil ayer y ahora tu amiga te cuenta lo que les pasó. Usa el pretérito del verbo entre paréntesis para saber qué ocurrió.

¡No me vas a creer lo que nos pasó en el centro comercial ayer! Primero, Arcelia
(1) _____ (perder) su billetera (*wallet*) caminando hacia la parada
del autobús. ¡Qué pena! ¿no? Bueno, yo (2) _____ (decidir) darle un
poco de dinero. Luego, ella (3) _____ (guardar) los boletos en su
cartera (*purse*). Entonces el autobús llegó y el conductor (4) _____
(abrir) la puerta. Desafortunadamente, él no me (5) _____ (ver);
(6) _____ (cerrar) la puerta y Arcelia (7) _____ (subir)
al autobús sola (*alone*). Yo (8) _____ (correr) casi cuatro cuadras para
llegar al centro comercial y (9) _____ (buscar) a Arcelia por todas
partes. Por fin yo la (10) _____ (encontrar) en la cafetería y nosotras
(11) _____ (decidir) ir a la peluquería. ¡Sin querer, la peluquera usó
un champú que (12) _____ (cambiar) el color de mi pelo! ¡Qué
frustrante! ¡Arcelia y yo (13) _____ (recibir) la cuenta; nos cobraron
35 pesos! Finalmente, yo (14) _____ (abrir) mi cartera para sacar el
dinero y no (15) _____ (encontrar) mi billetera. En ese momento,
(16) _____ (empezar) a llorar. ¡Qué día más horrible!

¡Manos a la obra!

4. The preterit of four irregular verbs: *dar, ser, ir,* and *hacer*

7-11 Por la ciudad

Lee las oraciones y cambia los verbos del presente al pretérito.

Presente	Pretérito
1. Ramona **es** presidenta del banco.	1. Ramona _____ presidenta del banco.
2. ¿**Va** Ud. al cajero automático?	2. ¿_____ Ud. al cajero automático?
3. **Es** empelado/empleada de una compañía grande.	3. _____ empelado/empleada de una compañía grande.
4. Ustedes **van** al rascacielos de la compañía.	4. Ustedes _____ al rascacielos de la compañía.

5. **Vamos** rápidamente a la oficina de correos.

5. _____ rápidamente a la oficina de correos.

6. Ellos **son** clientes de mi peluquería.

6. Ellos _____ clientes de mi peluquería.

7. ¿**Vas** al cine?

7. ¿_____ al cine?

8. ¡**Es** una película intensa!

8. ¡_____ una película intensa!

7-12 Preparativos para una fiesta

Anoche Miguel y sus hermanos organizaron una fiesta sorpresa para el aniversario de sus padres. Completa lo que cuenta Miguel con los verbos entre paréntesis en pretérito para saber lo que hicieron y cómo les fue.

Ayer (1) _____ (ir) el aniversario de mis padres, por eso, la semana anterior mis hermanos y yo (2) _____ (planear) una fiesta sorpresa y nosotros (3) _____ (invitar) a muchos de sus amigos y parientes a mi casa. Mi hermana, Julia, (4) _____ (hacer) las invitaciones y (5) _____ (preparar) el menú. Mi hermano Carlos y yo, (6) _____ (hacer) las compras en el supermercado y todos nosotros (7) _____ (ayudar) a cocinar los platos favoritos de nuestros padres. Anteayer, mi hermano Alonso, y yo (8) _____ (ir) al centro comercial a buscar el regalo que mis hermanos y yo (9) _____ (ver) el mes pasado en una tienda de antigüedades. Ayer, por la tarde, yo (10) _____ (ir) a la casa de mis padres con la excusa de llevarlos a mi casa para una pequeña cena familiar. ¡Qué sorpresa! Al llegar a mi casa, los cuarenta invitados (11) _____ (gritar) (*yelled*) "¡¡Feliz aniversario!!". La fiesta (12) _____ (ser) un éxito tremendo. Al final de la noche, mis hermanos y yo les (13) _____ (dar) a mis padres nuestro regalo, un álbum con fotos y cartas de todas las personas importantes en sus vidas. (14) _____ (ser) una noche muy especial para todos.

7-13 ¿Qué hiciste y cuándo?

Escoge ocho actividades de la lista que sigue y escribe como mínimo ocho oraciones para contar <u>lo que hiciste</u> la semana pasada <u>y cuándo</u>. Usa adverbios como **ayer, anoche, anteayer,** etc.

no hacer nada	ver una película	comprar estampillas
hacer un viaje	ir a la casa de...	mandar mensajes electrónicos
ir de compras	cortarse el pelo	llenar el tanque de gasolina
dar una fiesta	perder algo	firmar un cheque

1. _____

2. _____

3. _____

4. _____

5. _____

6. _____

7. _____

8. _____

Escena 3

En la carretera

7-14 ¿Puedes identificarlo?

Identifica lo que se ve, se hace o se dice en la escena. Sigue los números y escribe la palabra de la lista que corresponde a cada dibujo.

¡Qué mala suerte!	la autopista	el ruido	parar	el tráfico

1. _____   4. _____

2. _____   5. _____

3. _____

7-15 ¡Lo dice papá!

Tu papá tiene opiniones de muchas cosas y cree que tiene respuestas para todo. Para saber lo que opina, completa las oraciones con los verbos de la lista.

preguntar	parar	llenar	cambiar
cruzar	revisar	explicar	reparar

Hay que...

1. _____ en un semáforo rojo.

2. _____ cuando no se sabe.

3. _____ las llantas cuando están mal.

4. _____ el tanque antes de que esté vacío (*empty*).

5. _____ el carro cuando se descompone.

6. _____ la calle con mucho cuidado.

7. _____ las llantas y el aceite con frecuencia.

8. _____ bien los problemas en el taller mecánico.

7-16 ¿Qué pasa?

Observa primero la ilustración de la página 93 y contesta las siguientes preguntas. Usa la imaginación.

1. ¿Qué se ve en la ilustración? Menciona como mínimo 3 cosas.

_____

_____

2. ¿Crees que hay mucho ruido en la autopista? Explica.

_____

_____

3. ¿Qué hace el policía?

_____

_____

4. ¿Cómo ocurrió el accidente?

_____

_____

5. ¿Qué dice la persona que observa el accidente?

_____

_____

¡Manos a la obra!

5. To whom? For whom?: Indirect object pronouns

7-17 ¿Qué pasó?

Para saber lo que les pasó ayer a Andrea y a sus hermanos con el carro de su padre, llena los espacios en blanco. Usa **me, te, le, nos** o **les** según corresponda. Las personas que recibieron la acción se indican entre paréntesis.

1. Mi papá _____ prestó el carro para ir al centro. (a mi hermana, a mi primo y a mí)

2. Mi hermana _____ revisó el aceite del carro. (a mi papá)

3. Mi papá _____ dijo (*said*) "la llanta derecha tiene poco aire". (a mi primo y a mí)

4. Nosotros llevamos el carro al taller mecánico y _____ explicamos el problema. (a un empleado)

5. El mecánico preguntó, "¿ _____ cambio el aceite y la llanta?" (a ustedes)

6. Yo _____ contesté que sí. (al mecánico)

7. Llamé a mis papás y _____ expliqué que no tenía (*had*) dinero. (a mis papás)

8. Por suerte, mi mamá _____ pagó por teléfono con su tarjeta de crédito. (al mecánico)

7-18 Problemas y soluciones

Cuando Amparo tiene problemas, sus amigos y familiares siempre le ayudan. Lee sus problemas y luego mira las soluciones. Escribe la letra que corresponde a la solución. Luego, completa el espacio en blanco con **me, te, le, nos, les**, según corresponda. Sigue el modelo.

PROBLEMAS DE AMPARO

1. Mi novio no tiene carro para ir al centro. ___C___

2. Mis amigos peruanos no saben dónde está la parada del metro. _____

3. Papá, tengo una llanta pinchada. _____

4. Mi carro se descompuso y estoy sola en la carretera. _____

5. Quiero cenar y hablar con todos ustedes esta semana. No nos vemos hace meses. _____

6. ¡Qué mala suerte! No paré en el alto y recibí una multa. _____

SOLUCIONES PARA AMPARO DE SUS FAMILIARES Y AMIGOS

A. *Su padre*: "Ahora mismo _____ la cambio por una nueva."

B. *Sus amigos*: "¡Estupendo!, ¿_____ puedes llamar y decir cuándo?"

C. *Su prima Ana*: "No te preocupes, yo _____ presto el mío."

D. *Su hermano*: "Yo _____ dejo mi plano de la ciudad."

E. *Su madre*: "Amparo, esta vez, yo _____ pago los 50 dólares a la policía porque hoy es tu cumpleaños."

F. *Su novio*: "Cariño, ¿puedes decir_____ en qué kilómetro estás? Salgo ahora para allí."

Toque final

A. ¡A escribir! ¿Qué hiciste?

Escribe diez oraciones contando lo que hiciste un día de esta semana desde por la mañana hasta por la noche en casa, en la universidad y en la calle.

EN CASA

lo que desayunaste, almorzaste, cenaste
los quehaceres domésticos que hiciste
las cosas que hiciste para divertirte

EN LA UNIVERSIDAD

las clases que tomaste, a qué hora fueron, notas que sacaste

EN LA CALLE

adónde fuiste (cine, teatro, discoteca, tiendas), con quién, cómo y lo que hiciste

¿Qué hiciste?

_____
_____
_____
_____
_____
_____
_____
_____
_____

B. Tu mundo cultural

Después de leer las secciones culturales de este capítulo, indica con una **x** si lo que dice cada oración es cierto o falso.

1. Las plazas no son el centro de la vida de los pueblos o ciudades hispanas.

    ____ cierto   ____ falso

2. Es fácil llegar a Machu Picchu por el Camino del Inca.

    ____ cierto   ____ falso

3. Los Incas se refugiaron en Machu Picchu para esconderse de los españoles.

    ____ cierto   ____ falso

4. Los habitantes de las ciudades hispanas dependen mucho del transporte público.

    ____ cierto   ____ falso

5. En el metro de la Ciudad de México hay ruinas arqueológicas en algunas de las estaciones.

    ____ cierto   ____ falso

Capítulo

8

De compras

Escena 1

En el centro comercial

8-1 Crucigrama

Completa el crucigrama con las palabras que corresponden.

Horizontales

2. María siempre se viste a la moda. Por eso, siempre compra mucha…

5. Es algo que muchas personas llevan cuando hace sol, y que se asocia con el béisbol. Es la…

6. La joya que es el símbolo de la unión del matrimonio es el…

7. Algunas mujeres y hombres no llevan zapatos en verano. Llevan… porque hace mucho calor.

10. Es algo de cuero donde muchas personas, especialmente las mujeres, llevan la billetera y otras cosas importantes o personales.

11. Juan siempre lleva… porque le gusta vestirse como un vaquero (*cowboy*).

Verticales

1. Un diamante no es barato, es…

3. Una persona debe… la ropa antes de comprarla.

4. Para una fiesta elegante, Ana lleva unos aretes en las orejas y un… en el cuello.

8. Para comprar un vestido que no va a ser grande (y tampoco pequeño) para tu mejor amiga, debes saber su…

9. Ana no sabe ahorrar (*save money*). Siempre… su dinero.

8-2 ¿Qué debo ponerme o llevar?

Tu amiga nunca sabe qué ponerse ni lo que es apropiado para las diferentes ocasiones. Contesta sus preguntas con las palabras que corresponden de la lista. (No repitas las palabras.) Usa oraciones completas y sigue el modelo.

una pulsera de oro	unos pantalones largos	unos pantalones cortos
unos *jeans*	~~una camiseta blanca~~	unos guantes y una bufanda
la cartera		

MODELO   Hoy hace mucho sol y mis amigos me invitaron a un picnic.
Quiero llevar mis *jeans* favoritos pero, ¿qué más debo ponerme?

Debes ponerte una camiseta blanca.

1. Mañana tengo que trabajar y quiero llevar mi suéter verde favorito. ¿Qué más debo ponerme?

   _____

2. Mañana va a hacer mucho sol y calor y vamos a jugar al fútbol. ¿Qué debo llevar?

   _____

3. Quiero estar elegante esta noche para ir a un restaurante con mi esposo a celebrar nuestro aniversario. ¿Qué debo ponerme?

   _____

4. La semana que viene tengo que viajar a Alaska. ¿Qué debo llevar para el frío?

   _____

5. Esta tarde voy a ir de compras al centro comercial. Hace sol, pero un poco de fresco. ¿Qué ropa debo ponerme?

   _____

6. Para ir de compras, ¿qué más debo llevar conmigo?

   _____

8-3 Rebajas

Esta mañana Patricia vio en el periódico que hay rebajas en las tiendas que están cerca de su casa. Completa la descripción de su experiencia con las palabras que corresponden.

joyas	rebajas	tarjeta de crédito
billeteras	centro comercial	pantalones cortos
guantes	baratas	

Patricia y sus amigas fueron de compras ayer porque había (*there were*)
(1) _____ en muchas tiendas del nuevo
(2) _____ que está cerca de su casa. Las joyerías tuvieron
un descuento de un 50% en las (3) _____ de oro y de plata.
En la tienda Macy's había productos de cuero como (4) _____
para protegerse las manos del frío, y (5) _____ para poner el
dinero. Patricia compró unos (6) _____ para el verano y pagó
con su (7) _____ porque en el centro comercial no hay
un cajero automático para sacar dinero en efectivo. Patricia y sus amigas gastaron
muy poco dinero porque compraron cosas muy (8) _____.

¡Manos a la obra!

1. Talking about what happened

8-4 ¿Cómo fue tu día ayer?

Tu amigo Pablo te habla un poco sobre las cosas que les pasaron ayer a él y a su
familia. Para cada noticia indica quién lo hizo. Sigue el modelo.

¿Qué pasó?	yo	mi esposa	mi esposa y yo	mis hijos
MODELO Hicieron la tarea rápidamente.				✓
1. Quiso ir de compras.				
2. Me puse ropa elegante.				
3. Vinieron a visitarme al trabajo.				
4. Supo llegar al centro sin problemas.				
5. Le traje flores.				
6. Me dijo: "Muchas gracias".				
7. Estuvieron en casa de sus amigos.				
8. Pudimos descansar un poco.				
9. Hizo un pastel de chocolate.				
10. Tuvimos una cena romántica.				

8-5 Preguntas y respuestas

Tus amigas fueron al centro comercial ayer y ahora hablan contigo sobre la experiencia. Para cada una de las preguntas, escoge la respuesta más apropiada. Recuerda que los verbos **querer**, **saber** y **poder** tienen un significado diferente en el pretérito.

1. ¿Fueron ustedes por la tarde?

   a. Sí, quisimos ir a las tres.

   b. Sí, fueron por la tarde.

   c. No, pudimos ir al mediodía.

   d. No, no pudimos ir a las once.

2. ¿Estuvieron mucho tiempo en el centro comercial?

   a. Sí, quisimos pasar tres horas en el centro comercial.

   b. No, quisimos pasar más tiempo, pero fue imposible.

   c. No, tuvimos muchas horas.

   d. Sí, pudimos hacer todas las compras muy rápidamente.

3. ¿Pudiste comprar muchas cosas a buen precio?

   a. Sí, tuve mucha suerte.

   b. Sí, pudo comprar unas camisetas y unos *jeans* a precios excelentes.

   c. Sí, tuvimos que comprar muchas cosas.

   d. No, no supo encontrar buenas ofertas.

4. ¿Trajeron cosas para sus hijos?

   a. Sí, quisimos comprarles cosas.

   b. Sí, trajeron algunas cosas muy bonitas.

   c. No, tuvimos que comprar cosas para ellos.

   d. Sí, pudimos encontrar algunas cosas para ellos.

5. ¿Tuvieron dificultades con el tráfico en la carretera?

   a. No, vinimos por una calle diferente.

   b. No, no tuvimos suerte con el tráfico.

   c. Sí, tuvieron que esperar mucho tiempo.

   d. No, no quisieron tener dificultades.

8-6 María tuvo un accidente

Tu amiga María tuvo un accidente ayer. Completa la descripción de las diferentes reacciones de sus amigos con la forma correcta del verbo correcto. Recuerda que los verbos **querer**, **saber** y **poder** tienen un significado diferente en el pretérito.

querer	tener	saber	poder	ir	decir	tener

Ayer por la tarde todos nosotros (1) _____ que María

(2) _____ un accidente y que la llevaron en ambulancia al hospital. Por

la noche, ustedes (3) _____ ir a visitarla al hospital, pero fue imposible.

Mi madre y yo no (4) _____ ir al hospital tampoco porque mi padre (5)

_____ que usar nuestro carro. Alberto (6) _____ llamar a

María por teléfono, pero se le acabó la batería de su teléfono celular. Por fin, todos

nosotros (7) _____ al hospital esta mañana y las personas que trabajan

allí nos (8) _____ que María ya estaba en su casa.

8-7 ¿Qué pasó?

Tres ladrones (*thieves*) robaron una joyería ayer por la noche. Escribe lo que le cuenta un empleado de la joyería a otro. Forma oraciones con el pretérito según el modelo.

MODELO   la joyería / tres ladrones / robar / ayer por la noche

Tres ladrones robaron la joyería ayer por la noche.

1. estar / dos horas / ellos / en la joyería

_____

2. robar / pulseras, aretes y collares / poder / los ladrones

_____

3. para poner las joyas / bolsas / traer / los ladrones

_____

4. escapar / desafortunadamente / poder / los ladrones

_____

5. muy tarde / saber / la policía / del robo

_____

6. para investigar el caso / cinco policías / venir / después

_____

Escena 2

La ropa

8-8 Asociaciones

Para cada oración de la primera columna, selecciona el consejo que mejor corresponde.

1. Tengo calor. _____
2. Va a dormir. _____
3. Tengo frío. _____
4. Voy a una fiesta formal. _____
5. Tiene que ir la oficina. _____
6. Hace mucho sol. _____

a. Debe ponerse un traje y una corbata.
b. Debe llevar sus gafas de sol.
c. Tiene que ponerse el pijama.
d. Ponte un traje de baño.
e. Tienes que ponerte un vestido elegante.
f. Debe ponerse un gorro y una bufanda.

8-9 ¿Qué ropa se pusieron?

Mira los dibujos de los amigos de Alicia y describe qué ropa se puso cada persona. Sigue el modelo.

MODELO

La señora Vega se puso un vestido y una chaqueta.

1. María

2. Pablito

3. Luisa

4. Susana

5. Silvia

6. Juan y Luis

7. Martín

8. Javier y Rafa

9. Clara

1. _____

2. _____

3. _____

4. _____

5. _____

6. _____

7. _____

8. _____

9. _____

8-10 La clase de salsa

Tomás está tomando una clase de baile con su novia Sofía. Hoy, ellos están aprendiendo a bailar la salsa. Completa la descripción de su experiencia con la palabra más apropiada del recuadro.

limpia	sucios	lentes
tener calor	chaqueta	camisa de manga larga
gafas de sol		

Tomás y Sofía siempre van a la clase de salsa los jueves. Hoy Tomás

tiene que llevar calcetines blancos porque los negros están

(1) _____. Afortunadamente, Sofía lavó su falda

y ahora está (2) _____. Durante la clase, Sofía y

Tomás siempre beben agua porque (3) _____.

Ellos normalmente bailan dos o tres horas.

El profesor de baile, Rodrigo, no puede ver muy bien porque tiene un problema

con los ojos. Él necesita sus (4) _____. Él es muy

elegante. Siempre lleva una (5) _____ de color azul

claro y muchas veces también se pone una (6) _____

negra muy elegante encima. En la clase hay un chico un poco ridículo que lleva

(7) _____ por la noche. ¡Dios mío!

¡Manos a la obra!

2. Making Equal Comparisons

8-11 Son muy similares

Catalina y Marcela son hermanas. Las dos siempre quieren tener todas las cosas que tiene la otra. Haz comparaciones entre ellas. Usa las palabras para describir qué tienen y cómo son. Sigue el modelo.

MODELO

Catalina / tener / vestidos / Marcela

Catalina tiene tantos vestidos como Marcela.

1. Los pantalones de Catalina / ser / elegante / los pantalones de Marcela

   _____

2. Catalina / gastar / dinero / Marcela

   _____

3. Catalina / ser / atractiva / Marcela

   _____

4. Marcela / comprar / ropa interior / Catalina

   _____

5. Marcela / hablar español / bien / Catalina

   _____

6. Catalina / tener / paraguas / Marcela

   _____

¡Manos a la obra!

3. Making unequal comparisons

8-12 Mis amigos son muy diferentes

Mira los dibujos y completa las descripciones de los contrastes. Sigue el modelo.

| fuerte | pobre | mejor | grande | ~~alto~~ | viejo | menor |

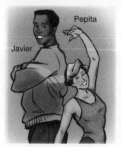

MODELO

Mi amiga Pepita es una chica muy baja; Javier es

_____ _____ _____

ella.

Mi amiga Pepita es un chica muy baja; Javier es *más alto que* ella.

1. Mis amigos Octavio y Alfonso hacen mucho ejercicio, pero es evidente que Alfonso es _____ _____ _____ Octavio.

2. Mi hermanito Juanito tiene ocho años y nuestro abuelo tiene ochenta. Juanito es _____ _____ el abuelo Noé.

3. Mi hija Natalia siempre estudia y saca muy buenas notas; es _____ estudiante _____ su hermano Esteban.

4. Héctor tiene muchas dificultades económicas; él es _____ _____ _____ Octavio.

5. Vivo en una casita y mis vecinos están en la casa de al lado; su casa es _____ _____ _____ mi casita.

el coche de mi abuelo   el coche de mi primo

6. El coche de mi abuelo es _____ _____ _____ el coche de mi primo.

8-13   ¿Cuál es tu opinión?

Rafael es un niño con mucha curiosidad y siempre quiere saber las opiniones de las otras personas. Responde a las preguntas de Rafael con un superlativo. Sigue el modelo.

MODELO

¿Cuál es la joya más cara? ¿Un anillo con diamantes, unos aretes de oro o un collar de plata?

La joya más cara es un anillo con diamantes.

1. ¿Cuál es la actividad física más difícil para una persona que no hace mucho ejercicio? ¿Caminar, jugar al golf o correr?

   _____

2. ¿Cuál es la ropa más apropiada en el invierno? ¿Un traje de baño, una camiseta o un abrigo?

   _____

3. ¿Cuál es la ropa más elegante para una fiesta? ¿Una falda corta, una camiseta o un traje?

   _____

4. ¿Cuál es la peor ropa para un evento formal? ¿Unos *jeans*, un/una pijama o un vestido?

   _____

5. ¿Cuál es la mejor ropa para cuando está lloviendo? ¿Un impermeable, un abrigo o una blusa?

   _____

Escena 3

Los aparatos electrónicos

8-14   ¿Para qué sirven?

Explica para qué sirven las siguientes cosas. Para cada una escoge la definición que le corresponde. Luego forma una oración. Sigue el modelo.

> hablar con otras personas cuando no estás en tu casa
>
> ~~tomar fotos~~
>
> mandar *e-mails* a tus amigos y a tus familiares
>
> dejarles mensajes a nuestros amigos si no contestan cuando los llamamos
>
> cambiar de un canal de televisión a otro canal de televisión
>
> escribir con la computadora

MODELO

Una cámara digital _____.

Una cámara digital *sirve para tomar fotos*.

1. Una computadora portátil _____.

2. Un celular _____.

3. Un control remoto _____.

4. Un teclado _____.

5. Un contestador automático _____.

8-15 ¿Necesitamos un especialista en tecnología?

Tu madre no sabe mucho de tecnología. Siempre confunde las palabras relacionadas con los aparatos de su casa. Selecciona la palabra apropiada para ayudarla a comunicarse efectivamente.

1. Para ver un programa de televisión, ¿tengo que **prender** o **apagar** la televisión?

2. Si no estás en casa y quiero dejarte un mensaje, ¿tengo que dejar el mensaje en tu **audífono** o en tu **contestador automático**?

3. Cuando voy a comprar un aparato electrónico, ¿tengo que tener cuidado porque **algunas marcas** o **algunos anuncios** cuestan más dinero?

4. Cuando ustedes van de vacaciones, ¿siempre **toman fotos** o **usan el ratón**?

5. Para escuchar los ejercicios del manual de laboratorio de tu clase de español, ¿necesitas **el teclado** o **los audífonos**?

6. El televisor muy moderno que ustedes me dieron por mi cumpleaños, ¿tiene **un ratón** o **una pantalla plana**?

8-16 ¿Cuánto pagamos por cada cosa y para quién es?

Decide si las siguientes oraciones se refieren a un intercambio de objetos **por** dinero o si son cosas **para** alguien o **para** algo. Haz un círculo alrededor de la preposición correcta en cada oración.

MODELO

Compramos la computadora (por)/ para 600 dólares.

1. Los altoparlantes son **por / para** la sala de mi casa.

2. La cámara se vendió **por / para** mucho dinero.

3. Mi tía compró un celular **por / para** su hija.

4. El contestador automático es **por / para** toda la familia.

5. Nosotros vamos a la tienda para cambiar la cámara que no funciona **por / para** una cámara nueva.

¡Manos a la obra!
4. Direct and indirect object pronouns together

8-17   ¡Ya lo hicimos!

Tu hermano quiere saber cuándo las personas van a hacer algunas cosas. Pero ellos ya las hicieron. Completa las respuestas a las preguntas de tu hermano con los pronombres de complementos directos e indirectos correctos. Sigue el modelo.

MODELO

¿Cuándo vas a comprarme una computadora portátil?

Ya *te la* compré.

1. ¿Cuándo van ustedes a venderle el televisor plasma al primo?

Ya _____ _____ vendimos.

2. ¿Cuándo va tu compañera de trabajo a darles a ustedes los altoparlantes?

Ya _____ _____ dio.

3. ¿Cuándo tengo que pagarte los boletos del cine?

Ya _____ _____ pagaste.

4. ¿Cuándo vas a mandarme esos *e-mails?*

Ya _____ _____ mandé.

5. ¿Cuándo vamos a mostrarles a los abuelos las fotos que tomamos con la cámara digital?

Ya _____ _____ mostramos.

Nombre _____ Fecha _____

8-18 El cumpleaños

Es el cumpleaños de Juan y todos sus amigos y familiares le han dado regalos para ese día tan especial. Responde a las siguientes preguntas explicando quiénes contribuyeron a la celebración. Usa los pronombres de complementos directos e indirectos. Sigue el modelo.

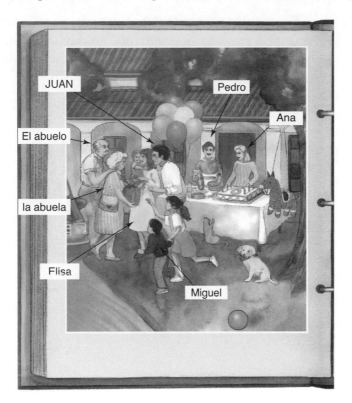

MODELO

¿Quién le hizo el pastel de cumpleaños a Juan? (Ana)

Ana se lo hizo.

1. ¿Quién nos prestó una mesa para la fiesta? (Pedro)

    _____

2. ¿Quién le trajo un regalo muy grande a Juan? (la abuela)

    _____

3. ¿Quién le regaló una piñata a Juan? (Miguel)

    _____

4. ¿Quién les mandó las invitaciones de la fiesta a los invitados (*guests*)? (Elisa)

    _____

5. ¿Quién les sirvió la comida a los invitados? (Ana)

    _____

¡Manos a la obra!

5. Expressing possession: Emphatic possessive adjectives

8-19   ¿De quién es?

Tus vecinos y tú decidieron montar un mercadillo (*yard sale*) un sábado. Al final del día, tu vecina Adriana está ordenando los objetos que no vendió. Ella te pregunta de quiénes son los diferentes artículos y aparatos y tú respondes con **los adjetivos posesivos.**

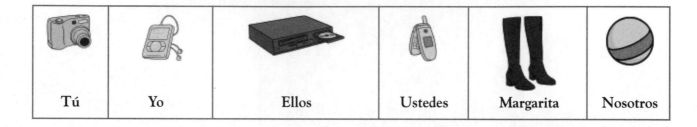

| Tú | Yo | Ellos | Ustedes | Margarita | Nosotros |

MODELO

¿De quién es aquel equipo de DVD y Video? ¿Es de ellos?
Sí, es suyo.

1.   ¿De quién es este iPod? ¿Es de Margarita?

No, _____

2.   ¿De quién es ese celular? ¿Es de nosotros?

Sí, _____

3.   ¿De quién es aquella pelota? ¿Es de ustedes?

Sí, _____

4.   ¿De quién son aquellas botas de cuero? ¿Son de Margarita?

Sí, _____

5.   ¿De quién es esta cámara digital? ¿Es de ustedes?

No, _____

Toque final

A.   ¡A escribir! La invasión de la tecnología

Escribe ocho oraciones en las que describas tus experiencias recientes con la tecnología.

Considera lo siguiente:

- Aparatos electrónicos que usaste esta semana (computadora, televisor, iPod, etc.)
- Dónde los usaste y qué hiciste con cada aparato
- Para qué los usaste (para hacer la tarea, etc.)
- Cantidad de tiempo que pasaste con cada aparato (horas, minutos, etc.)
- Cuáles preferiste usar y por qué

La invasión de la tecnología

_____

_____

_____

_____

_____

_____

_____

_____

_____

_____

_____

B. Tu mundo cultural

Después de leer las secciones culturales de este capítulo, indica si lo que dicen las siguientes afirmaciones es cierto o falso. Si son falsas, escribe la información correcta.

1. En el Caribe, los hombres normalmente llevan un traje a las fiestas y celebraciones elegantes.

   ____ cierto ____ falso

   _____

2. En el mundo hispano, la mayoría de las niñas llevan aretes cuando son bebés.

   ____ cierto ____ falso

   _____

3. Carolina Herrera es una diseñadora colombiana que tiene muchos clientes famosos como Salma Hayek y Renée Zellweger.

   ____ cierto ____ falso

   _____

4. Narciso Rodríguez es un diseñador de origen cubano y entre sus clientes se incluyen Claire Danes y Julianna Margulies.

   ____ cierto ____ falso

   _____

5. Los creadores de la marca de camisetas Custo Barcelona son dos hermanos de España.

   ____ cierto ____ falso

   _____

6. Casi todos los hispanos que viven en Estados Unidos están conectados a la Red.

   ____ cierto ____ falso

   _____

7. En Argentina el acceso a Internet no es muy caro.

   ____ cierto ____ falso

   _____

Capítulo 9

La salud y las emergencias

Escena 1

En el consultorio médico

9-1 Crucigrama

Completa el crucigrama con las palabras que corresponden.

Horizontal

1. Son pequeñas y las tomamos para sentirnos mejor cuando estamos mal.

5. La usan las personas discapacitadas que no pueden caminar. (tres palabras)

7. Tener fiebre y dolor de cabeza son síntomas de una ... como la gripe.

8. En Estados Unidos para poder pagar las cuentas médicas en consultorios y hospitales es importante tener un... médico.

Vertical

2. Es el lugar donde la gente espera para una cita médica. (tres palabras)

3. Es lo que el médico nos da para poder comprar medicinas en una farmacia.

4. Es la persona que está enferma en el consultorio médico.

6. Los médicos dicen que esa actividad es mala para los pulmones.

9-2 ¿Cómo se sienten?

Estás hablando con una amiga por teléfono sobre tu familia y la suya. Conecta las oraciones con la descripción más lógica para indicar cómo se siente o lo que necesita cada una.

1. Mi hermana está embarazada. _____

2. Mi hermano fuma. _____

3. Mi suegra tiene la gripe. _____

4. Mi esposo y mi hijo están resfriados. _____

5. Mi hija tiene dolor de cabeza. _____

6. Esta tarde mi nieto comió demasiado rápido. _____

a. Tiene fiebre y le duele todo el cuerpo (*body*).

b. Le duele el estómago.

c. Está siempre muy cansada.

d. Les duele la garganta.

e. Necesita una aspirina.

f. Siempre tiene tos.

9-3 Una espera muy larga

Ayer tu amigo fue al consultorio médico y ahora te cuenta lo que pasó. Completa la narración con las palabras del recuadro que correspondan.

cabeza	cita
quejarme	presión
sala	medicina
receta	fiebre
pastillas	pacientes

¡No me vas a creer lo que me pasó ayer en el consultorio! Fui al consultorio para una (1) _____ que tenía a las tres de la tarde. ¡Cuando entré a la (2) _____ de espera, vi a treinta (3) _____ esperando! A veces tengo migrañas terribles, por eso fui a buscar una receta para una (4) _____ para sentirme mejor. A las cuatro hablé con una enfermera para (5) _____ porque no es aceptable tener que esperar tanto tiempo. Por fin, a las cuatro y diez, otra enfermera me llamó y me tomó la temperatura para confirmar que no tenía (6) _____. También me tomó la (7) _____. La enfermera me preguntó, "¿Qué te duele?" Cuando le respondí, "Tengo una migraña. Me duele mucho la cabeza", ella me dio dos (8) _____ muy fuertes y por suerte, esa medicina me ayudó mucho. Cuando por fin vi al médico, me dio una (9) _____ para poder comprar más pastillas en la farmacia. ¡Ahora me siento mucho mejor!

¡Manos a la obra!

1. Talking about what happened: The preterit of stem-changing verbs

9-4 Ayuda para una amiga

Tú te sientes mal y hablas con la enfermera mientras esperas al médico. Para cada pregunta que la enfermera te hace (primera columna), escoge tú la respuesta más apropiada (segunda columna).

1. ¿Cuántas horas durmió Ud. anoche? _____   a. Sí, me sirvieron camarones al ajo.

2. ¿Cuándo sintió Ud. el primer dolor? _____   b. Sí, comí en un restaurante español.

3. ¿Fue Ud. a un restaurante ayer? _____   c. Sentí algún dolor después de la cena.

4. ¿Qué comida pidió Ud.? _____   d. No, pero los dolores volvieron esta mañana.

5. ¿Le sirvieron algo más? _____   e. Sólo dormí seis horas.

6. ¿Siguieron los dolores toda la noche? _____   f. Pedí la paella.

9-5 ¿Qué pasó ayer en el hospital?

Carlos es voluntario en el hospital. Todas las semanas va allí a jugar con los niños enfermos para ayudarles a sentirse mejor. Completa la narración sobre lo que pasó ayer. Usa la forma correcta del pretérito del verbo que corresponde.

servir	sentirse	reírse	seguir	vestirse	divertirse

Para ir al hospital ayer yo (1) _____ de payaso (*clown*).

Cuando me vieron entrar, todos los niños (2) _____ mucho

porque mi ropa de payaso es un poco ridícula. Primero, las enfermeras y yo les

(3) _____ el almuerzo. Después del almuerzo, todos los niños

me (4) _____ por todas las habitaciones porque querían (*they wanted*) jugar más. Creo que ellos (5) _____ mucho conmigo.

Después de volver del hospital, yo (6) _____ muy bien.

9-6 Compañeras incompatibles

Tu hermana hizo un viaje con una de sus amigas pero no tuvo una experiencia muy buena porque ella y su amiga son incompatibles. Completa la descripción de sus experiencias con las formas correctas de los verbos que corresponden.

preferir	responder	servir	decir	vestirse
volver	divertirse	sentirse	dormir	ir

El viernes por la noche yo (1) _____ ocho horas,

y ella doce. El sábado al despertarme, (2) _____

rápidamente porque no se puede bajar a la cafetería del hotel en pijama y me gusta desayunar inmediatamente después de levantarme. Marta

(3) _____ dormir cuatro horas más. Así que yo

(4) _____ a la cafetería sola. En la cafetería los

camareros me (5) _____ un café muy rico y un

desayuno delicioso. Después de desayunar, yo (6) _____

mejor. Preparé mi propio plan para la mañana e hice unas visitas turísticas muy

interesantes. A las doce (7) _____ al hotel para ver

a Marta. Ella me (8) _____ : "Estoy muy cansada y no

quiero hacer turismo". Yo le (9) _____ : "Perfecto,

nos vemos más tarde". Entonces, visité lugares muy interesantes y conocí a personas

muy simpáticas. ¡Yo (10) _____ mucho en el viaje,

pero sin mi amiga!

Escena 2

El cuerpo humano

9-7 El cuerpo humano

Escribe las partes del cuerpo humano que corresponden a los números.

1. _____

2. _____

3. _____

4. _____

5. _____

6. _____

7. _____

8. _____

9. _____

10. _____

9-8 ¿Qué usamos?

Escribe como mínimo dos partes del cuerpo humano que se usan para las siguientes actividades.

1. escribir _____

2. hablar _____

3. caminar _____

4. comer _____

5. ver _____

9-9 ¿Cuál es el problema?

Eres médico en un consultorio y una enfermera te explica las quejas de los pacientes. ¿Qué pregunta o consejo le vas a dar a la enfermera? Empareja las afirmaciones con la pregunta lógica o con el consejo (*advice*) apropiado.

1. Al señor Pardo le duele la garganta y el pecho. _____
   a. Probablemente tiene gripe.

2. A este paciente le duele todo el cuerpo. _____
   b. ¿Necesita una silla de ruedas?

3. La cabeza de ese joven está muy caliente. _____
   c. ¿Tiene diarrea?

4. La señora Iglesias tiene dolor de cabeza. _____
   d. ¿Está él congestionado?

5. Esa niña se torció el tobillo y no puede caminar. _____
   e. Ella debe tomar aspirina.

6. A la señorita Ramírez le duele el estómago. _____
   f. ¿Tienen tos?

7. A los niños de los González les duele la garganta. _____
   g. ¿Tiene fiebre?

¡Manos a la obra!

2. Describing in the past: The imperfect

9-10 En el hospital

Eres enfermero/a y tienes que explicarle al doctor Menéndez lo que pasó esta mañana en el hospital. Completa los espacios con la forma que corresponde del imperfecto de los verbos.

quejarse	hablar	ser	estar	llorar

Cuando entré en la sala de emergencia (1) _____ las cinco de la tarde y

muchos pacientes (2) _____ esperando. Una señora (3) _____

con su hija enferma. Un señor (4) _____ de un dolor de cabeza muy fuerte.

Dos bebés (5) _____ mucho.

necesitar	estar	ayudar	saber	examinar

Cuando entré al consultorio, el doctor Montoya le (6) _____ al señor

Salazar y la enfermera García le (7) _____ al doctor. Pero después

de una complicación, el doctor Montoya dijo que (8) _____ la ayuda

de usted, doctor, pero usted no (9) _____ en su oficina. ¡Yo no

(10) _____ qué hacer y me puse muy nerviosa! Finalmente, todo se

solucionó.

9-11 Comienzo de un cuento (*story*)

Marco está empezando a escribir un cuento. Ya tiene su primer párrafo. Usa el
imperfecto de los verbos que corresponden para completarlo.

ir	cruzar	estar	hablar	tener	querer
ser	comer	jugar	tomar	hacer	

Mi primer cuento

Ese día mucha gente (1) _____ en la plaza. (2) _____

las dos de la tarde y muchas personas (3) _____ al centro de la

ciudad para pasear e ir de compras. (4) _____ muy buen tiempo con

mucho sol, pero sin mucho calor. Dentro de la plaza muchos niños (5) _____.

En las cafeterías de la plaza, las personas (6) _____ bebidas y

(7) _____ también. Muchos (8) _____ con sus amigos.

Yo (9) _____ ir a un concierto en el centro y cuando

(10) _____ la plaza, me encontré con...

9-12 ¿Qué hacía tu familia?

Explícale a tu amiga Andrea qué hacía tu familia cuando eras niño/a. Usa los verbos
del recuadro y otros verbos y expresiones de tu elección. Usa el imperfecto de los
verbos para describir las acciones habituales de tu niñez.

jugar con Barbies	jugar al Nintendo	ir a la playa
tener tarea	trabajar	comer
dormir	ir de compras	jugar al fútbol americano
ver la televisión	pelear (*fight*)	estudiar

1. Todos los veranos, mi familia

_____

_____

2. En la escuela, yo

_____

_____

3. En casa, nosotros

_____

_____

4. Los fines de semana,

_____

_____

5. Durante el día, mis padres

_____

_____

Escena 3

Situaciones de emergencia

9-13 ¡Ten más cuidado!

Tu hijo de quince años tiene poco cuidado y ahora tiene una herida. Adviértele
(*Warn him*) sobre lo que puede ocurrir si él no tiene más cuidado y no se preocupa
por su salud.

caerte	**sufrir**	**yeso**
tener	**chocar**	**prisa**
fracturar		**recuperarte**

1. Si haces las cosas en el último momento, siempre vas a tener _____.

2. Si siempre tienes prisa, no puedes _____ cuidado.

3. Si tienes prisa y manejas muy rápido, vas a _____ con otro coche.

4. Si tienes prisa y corres por las aceras (*sidewalks*), vas a _____ .

5. Si te caes en una acera, te puedes _____ el brazo.

6. Si te fracturas el brazo, los doctores van a tener que ponerte un

_____ .

7. Si no descansas mucho después de volver del hospital, no vas a

_____ .

8. Si comes mucha grasa (*fat*) ahora, vas a _____ un ataque al corazón antes de los sesenta años.

9-14 ¿Qué pasó?

Manolo y su esposa Daniela salieron al centro anoche y tuvieron una experiencia interesante. Lee lo que pasó y pon los eventos en orden cronológico del 1 al 8.

_____ a) Cruzábamos la calle principal cuando escuchamos a una señora que gritaba: "¡Socorro, socorro!"

_____ b) Por suerte (*Luckily*) el señor se recuperó y los paramédicos nos dijeron que él solamente se había desmayado (*fainted*).

_____ c) ¡Ella nos dijo que su esposo estaba inconsciente y que creía que había sufrido un ataque al corazón!

_____ d) Salimos del apartamento a las diez de la noche.

_____ e) Mientras esperábamos a la ambulancia el señor comenzó a reaccionar.

_____ f) Anoche decidí salir con mi esposa a bailar.

_____ g) Por fin, la ambulancia llegó y los paramédicos le atendieron al señor.

_____ h) Mi esposa le ayudó a la señora y yo llamé a la policía.

¡Manos a la obra!

3. Piecing together the past: The preterit and the imperfect

9-15 Un viaje a Panamá

Susana fue a Panamá hace unos años y ahora te cuenta de su viaje. Completa su descripción con la forma correspondiente del verbo en el pretérito o el imperfecto, según el contexto.

Cuando yo (1) _____ (ser) estudiante en Nueva York

(2) _____ (hacer) viajes cada verano. Hace cinco años

(3) _____ (hacer) un viaje especial a Panamá para visitar el

canal. Entonces yo (4) _____ (ser) estudiante de ingeniería civil y

(5) _____ (querer) ver el canal de cerca. (6)_____

(ir) a Panamá en avión (*plane*) y luego (7) _____ (tomar) un autobús

turístico para llegar al canal. (8) _____ (llegar) por la tarde y

(9) _____ (entrar) a la zona turística para verlo. El canal

(10) _____ (tener) unos barcos enormes y (11) _____

(haber) muchos turistas. Los barcos (12) _____ (cruzar) el canal muy

fácilmente. Al final (13) _____ (pasar) todo el día allí y me

(14) _____ (gustar) muchísimo.

9-16 Un accidente

Tu amiga y su esposo vieron un accidente. Completa su narración del incidente con el pretérito o el imperfecto, según el contexto.

Cuando mi esposo y yo (1) _____ (caminar) por la plaza, un

joven (2) _____ (tener) un accidente. Unos jóvenes

(3) _____ (jugar) al fútbol y (4) _____

(correr), cuando de repente uno de ellos (5) _____

(caerse) y (6) _____ (romperse) la pierna. Mientras mi

esposo le (7) _____ (ayudar) al joven, yo

(8) _____ (llamar) a una ambulancia con mi celular. Mientras

nosotros (9) _____ (esperar) la ambulancia, el pobre chico

(10) _____ (quejarse) mucho a causa del dolor.

9-17 Una tarde de locos

A veces la casa de tu amiga es como un zoológico. Ella y su esposo trabajan y tienen tres niños pequeños con mucha energía. Completa lo que cuenta tu amiga con los verbos en pretérito o imperfecto, según el contexto.

Una tarde, yo (1) _____ (trabajar) en un proyecto para mi

trabajo, cuando de repente mis niños (2) _____ (empezar)

a jugar y gritar como locos. Entonces, yo (3) _____ (dejar)

de trabajar para hablar con ellos. Por fin, yo (4) _____

(poder) tranquilizarlos, y ellos (5) _____ (estar) más

tranquilos. Entonces, yo (6) _____ (comenzar) a preparar

la cena. Yo (7) _____ (preparar) la cena y mis hijos

(8) _____ (hacer) su tarea cuando mi esposo nos

(9) _____ (sorprender) al entrar a casa con una pizza para

todos. Y con la emoción de la pizza, ¡mis hijos (10) _____

(empezar) a gritar y saltar (*jump*) otra vez como locos!

9-18 Voluntaria en Ecuador

Natalia era voluntaria en un hospital de Ecuador y una vez tuvo que llevar medicinas a un pueblo de los Andes. Completa lo que sigue con la forma correspondiente de los verbos en pretérito o imperfecto, según el contexto.

Cuando era más joven Natalia (1) _____ (trabajar) de

voluntaria en un hospital de Ecuador. El hospital (2) _____

(ayudar) a grupos indígenas de los Andes. Cada año los voluntarios

(3) _____ (ir) a los pueblos más remotos de las montañas

para llevar medicinas y otras cosas. Desgraciadamente, el día de la visita

Natalia (4) _____ (levantarse) tarde y no

(5) _____ (llegar) a tiempo para ir con el grupo. Ella

(6) _____ (decidir) ir sola. El día

(7) _____ (ser) muy bonito y ella

(8) _____ (tener) el mapa del sendero *(trail)*. Durante su viaje,

a ella le impresionó el paisaje *(scenery)*. En el sendero (9) _____

(haber) plantas interesantes, nieve y vistas preciosas. Por fin, ella

(10) _____ (llegar) al pueblo y les

(11) _____ (dar) el paquete del hospital a los indígenas.

Natalia (12) _____ (pasar) parte del día con ellos, pero

después de cuatro horas, (13) _____ (tener) que volver.

(14) _____ (despedirse) de los indígenas del pueblo y

(15) _____ (empezar) el viaje de regreso.

Toque final

A. ¡A escribir! Un momento inolvidable (*unforgettable*)

Describe un momento inolvidable, como por ejemplo, tu primera cita (*date*), tu primer beso, tu primer día en un nuevo trabajo, el día más importante de tu vida, el momento más vergonzoso (*embarrassing*) de tu vida, etc. Escribe como mínimo 8 oraciones e incluye detalles como los siguientes:

- Cuántos años tenías

- Cómo te sentías

- Dónde estabas

- Con quién(es) estabas

- Qué tiempo hacía

- Qué hora era

- Qué hacías cuando pasó

- Qué, cuándo y cómo pasó

- Cómo terminó el día

Un momento inolvidable

_____

_____

_____

_____

_____

_____

_____

_____

_____

_____

_____

_____

B.   Tu mundo cultural

Indica si lo que dicen las afirmaciones es cierto o falso. Si son falsas, corrígelas y escribe la información correcta.

1. En América Latina muchas personas usan plantas para curar enfermedades. Muchas compañías farmacéuticas las usan también para hacer medicinas.

   _____ cierto _____ falso

   _____

2. Muchos dicen que es bueno tomar una infusión de mate si se tienen problemas del sistema inmunológico o si se tiene exceso de energía.

   _____ cierto _____ falso

   _____

3. En la comunicación, generalmente hay más contacto físico entre los hispanos que entre los anglosajones.

   _____ cierto _____ falso

   _____

4. Si uno de tus amigos hispanos se toca el codo con la mano para describir a otra persona, significa que esa persona no es muy guapa.

   _____ cierto _____ falso

   _____

5. El término "hispano" se refiere a la raza hispana.

   _____ cierto _____ falso

   _____

6. Una persona mestiza tiene mezcla de dos razas; de la raza negra y de la raza indígena de América.

   _____ cierto _____ falso

   _____

10 El barrio

Escena 1

La vida en el barrio

10-1 Crucigrama

Completa el crucigrama con las palabras que corresponden.

Horizontales

4. Tienen mucho azúcar y a los niños les gusta mucho comerlos.

5. Mis hijos siempre hacen todo lo que les digo; ellos me....

6. Es la parte del pueblo o ciudad donde una persona reside, y donde hace las compras y actividades básicas de su vida diaria.

7. Son las personas que viven cerca de mi casa.

10. Mi hermana nunca sabe dónde están sus llaves porque tiene mala memoria y nunca puede... de dónde las puso.

11. Si a alguien no le gusta la comida que le sirven en un restaurante, debe hablar con el... del restaurante para quejarse.

12. Si hay un... en un edificio, las personas que están ahí pueden quemarse.

Verticales

1. Es un lugar para vivir, pero es más pequeño que una ciudad.
2. Es un programa de televisión que tiene mucho melodrama.
3. Nosotros vendimos nuestra casa y ahora vamos a... a una casa nueva.
8. Javier vive en Madrid y es español; es un... de España.
9. Es otra palabra para referirse a un niño o a un joven.

10-2 Categorías

Pon las siguientes palabras en la categoría que les corresponde.

| barrio | vecino | acera | portero | mudarse | dueño | recoger |
| muchacho | quemarse | cartero | vendedora | pueblo | ciudadano |

Personas	Acciones	Lugares

10-3 Actividades en el barrio

¿Cómo es la vida en el barrio Santa Rosa? ¿Qué hacen los vecinos en diferentes situaciones? Completa cada oración de la columna A con su final más apropiado de la columna B.

Columna A	Columna B
1. Los niños siempre quieren comer _____	a. a su partido político preferido.
2. Los sábados, el camión de la basura _____	b. porque ella insiste en ver telenovelas cuando él quiere ver el fútbol.
3. Mi padre siempre se frustra con mi madre _____	c. recoge la basura del barrio.
4. Cuando se quemó la casa de los vecinos _____	d. cuando trae las cartas a la casa.
5. Mis vecinos y yo vivimos en _____	e. un barrio muy bonito.
6. El repartidor _____	f. el humo causó más daños (*damage*) que el fuego.
7. En las elecciones Ana ayuda _____	g. porque ella tiene prejuicios.
8. Siempre saludo al cartero _____	h. chicles y dulces.
9. Mi vecina no acepta a la gente de otras culturas o religiones _____	i. trae los periódicos a nuestras casas.

¡Manos a la obra!

1. Expressing subjective reactions: The subjunctive mood and the formation of the present subjunctive

10-4 Encuentros y despedidas

Al encontrarse y despedirse es importante saber decir lo apropiado. Lee las siguientes situaciones y decide cuál es la expresión más apropiada en cada caso.

1. El cartero se despide de ti después de dejar las cartas en el buzón.
    Él te dice...
    a. ¡Que voten por usted!
    b. ¡Que sea feliz!
    c. ¡Que pase un buen día!

2. Tú le explicas a tu vecino que tienes un examen difícil mañana por la mañana.
    Él te dice...
    a. ¡Que pases un buen día!
    b. ¡Que saques una buena nota!
    c. ¡Que seas feliz con tu perro!

3. Tu hermano y su esposa Ana quieren comprar una propiedad en *Little Havana* en Miami y mudarse allí.
    Tú les dices...
    a. ¡Que les vaya muy bien en su nuevo barrio!
    b. ¡Que estudien mucho!
    c. ¡Que pasen un buen fin de semana!

4. Unos vecinos que viven enfrente de tu casa van a casarse.
    Tú les dices...
    a. ¡Que duerman bien!
    b. ¡Que sean felices!
    c. ¡Que estudien mucho!

5. Tus amigos de la universidad y tú quieren ir a California para visitar algunas universidades.
    Tus padres les dicen...
    a. ¡Que tengan buen viaje!
    b. ¡Que disfruten su desayuno!
    c. ¡Que duerman mucho!

6. Los estudiantes de la clase de español planean ir a bailar salsa esta noche a un club latino.
    El/La profesor/a de español les dice...
    a. ¡Que voten por ustedes!
    b. ¡Que se diviertan mucho!
    c. ¡Que saquen buenas notas!

7. El dueño del restaurante *La Margarita* está haciendo nuevas recetas de comida mexicana para sus clientes. Él espera que a los clientes les gusten las nuevas comidas.

   Tú le dices al dueño...
   a. ¡Que tenga suerte con su negocio!
   b. ¡Que tenga buen viaje!
   c. ¡Que coma mucho!

10-5 Las elecciones

Este año hay elecciones en el barrio para elegir a un nuevo representante y los ciudadanos tienen deseos y recomendaciones diferentes. ¿Qué quieren? Completa las oraciones con el subjuntivo del verbo que corresponde para explicar qué quieren estas personas.

tener	limpiar	ser	abrir	asistir	poner

1. Los ciudadanos piden que la biblioteca _____ siete días a la semana.

2. Los vecinos quieren que los niños _____ más parques en el barrio para montar en bicicleta.

3. Los ciudadanos prefieren que los camiones de limpieza _____ las calles para mantener el barrio en buenas condiciones.

4. Los ciudadanos recomiendan que todos los policías del barrio _____ a las reuniones mensuales de la asociación de vecinos.

5. Las personas del barrio descan que el servicio de transporte _____ gratis (*free*).

6. Los jóvenes quieren que la asociación de vecinos _____ películas en la plaza durante el verano.

¡Manos a la obra!

2. Expressing wishes and requests: The subjunctive with expressions of influence

10-6 Las reglas del barrio

La señora Vega es la líder de su barrio y para ella es importante que todas las personas sigan las reglas. Completa las oraciones con el presente de subjuntivo del verbo que corresponde.

acordarse	leer	tirar	relajarse	saludarse	obedecer	ir

1. La Sra. Vega insiste en que los vecinos _____ la basura al basurero.

2. La Sra. Vega les pide a las personas que usan el autobús que _____ de ofrecer sus asientos (*seats*) a las personas mayores.

3. La Sra. Vega piensa que es necesario que nosotros _____ con cortesía.

4. La Sra. Vega recomienda que los padres _____ los fines de semana con la familia en la casa, el parque o en la plaza.

5. La Sra. Vega aconseja que todas las familias _____ al cine.

6. La Sra. Vega quiere que los jóvenes _____ el periódico para estar informados de lo que pasa en la comunidad.

7. La Sra. Vega quiere que la comunidad _____ las reglas del barrio.

10-7 ¿Qué quiere hacer y qué quiere que hagamos?

El presidente de la asociación de vecinos organizó una reunión para hablar de algunos proyectos importantes que quiere comenzar este año. Haz un círculo alrededor del verbo que corresponde.

Buenos días y gracias por venir. Sé que ustedes están muy ocupados, por eso quiero que esta reunión 1. **(ser / sea / estar / esté)** corta. Este año quiero 2. **(empezar / empiece / descansar / descanse)** algunos proyectos nuevos que creo que van a ser muy beneficiosos para el barrio. Primero, insisto en que todos ustedes me 3. **(escuchar / escuchen / hablar / hablen)** de sus preocupaciones y de las cosas que quieren 4. **(cambiar / cambie / saber / sepan)** en el barrio. Durante esta reunión, les pido que se 5. **(expresar / expresen / quemar / quemen)** abiertamente pero con respeto y también, es importante que todos nosotros 6. **(olvidar / olvidemos / escuchar / escuchemos)** lo que dicen los otros. Sus ideas son muy importantes para mí, por eso quiero 7. **(haber / haya / saber / sepa)** lo que piensan ustedes antes de comenzar a trabajar en los nuevos proyectos.

Escena 2

Actividades del barrio

10-8 ¿Qué palabra no se asocia?

Marca la palabra de cada grupo que no se relaciona con las otras.

1. a. violencia   b. organizar   c. víctima

2. a. emborracharse   b. cerveza   c. voluntaria

3. a. enseñar   b. arma   c. ladrón

4. a. alegrarse   b. discutir   c. aplaudir

5. a. voluntario   b. donar   c. extrañar

10-9 Voluntarios modelo para la comunidad

Las siguientes personas ayudan en el barrio. Usa los verbos en el presente de indicativo para describir sus buenas acciones.

enseñar	donar	construir	invitar
emborracharse	resolver	organizar	discutir

1. Octavio es muy generoso. Él les _____ dinero a los pobres.

2. Leila no quiere causar problemas. Ella no _____ con sus amigos cuando no está de acuerdo con ellos.

3. En su tiempo libre, Francisco les _____ a leer y a escribir a los muchachos del barrio.

4. Carlos no _____ porque nunca toma bebidas alcohólicas.

5. El alcalde de nuestro pueblo siempre _____ los problemas graves como la violencia y el crimen.

6. Cada año yo les _____ a todos mis vecinos a una fiesta en mi casa.

7. Unos voluntarios _____ casas para las personas sin hogar.

8. Gabriela y su hermana _____ una banda para tocar en las fiestas.

10-10 ¿Qué pasa en la ciudad?

Muchas ciudades grandes tienen problemas socioeconómicos difíciles. Lee el siguiente párrafo sobre los planes de una ciudad para solucionarlos y completa la descripción con las palabras que corresponden.

tratar de	estén de acuerdo	el alcalde	personas sin hogar	el crimen	donar

Este año, (1) _____ de la ciudad quiere
(2) _____ resolver algunos de los problemas socioeconómicos
de su ciudad. Lo que pasa es que hay muchas (3) _____, o sea,
personas que viven en las calles. Con esta reunión los ciudadanos esperan que la
situación cambie. Ellos quieren que el gobierno cree más trabajos y disminuya
(4) _____. Afortunadamente, algunas compañías privadas
van a (5) _____ dinero para esa causa. Todos esperamos que
los ciudadanos (6) _____ en que es necesario encontrar
una solución.

¡Manos a la obra!

3. Expressing emotional reactions and feelings: The subjunctive with expressions of emotion

10-11 ¿Cómo reacciona Rodolfo?

En *Little Havana*, en Miami, hay un programa de radio que se llama *¿Y qué piensas tú?* y Rodolfo llama al programa para comentar lo que opina de su vecindario. Selecciona la opción que corresponde en cada caso.

1. Me duele...
   a. que muchos niños de la ciudad no tengan qué comer.
   b. que muchos niños de la ciudad no tienen qué comer.

2. Es una lástima...
   a. que el crimen es un problema.
   b. que el crimen sea un problema.

3. Los ciudadanos se preocupan de que...
   a. el gobierno no resuelva sus problemas.
   b. el gobierno no resuelve sus problemas.

4. Es ridículo que...
   a. los medios de comunicación presenten escenas de violencia.
   b. los medios de comunicación presentan escenas de violencia.

5. Siento que...
   a. las personas se muden a otra región para siempre.
   b. las personas se mudan a otra región para siempre.

6. A los maestros de colegio y a los profesores de la universidad les preocupa que...
   a. muchos estudiantes no siguen los estudios después del colegio.
   b. muchos estudiantes no sigan los estudios después del colegio.

10-12 Un estudiante de intercambio

Imagina que eres estudiante de intercambio en Buenos Aires, Argentina, y que tus padres te escriben una carta. Usa el presente de subjuntivo del verbo correspondiente para completar la información que falta.

Querido hijo:

Nos alegramos mucho de que tú (1) _____ (tener / ser / poder) la oportunidad de estudiar en otro país. Aquí te mandamos el dinero que te prometimos. Queremos que no lo (2) _____ (gastar / ahorrar / dar) en cosas innecesarias. Preferimos que no (3) _____ (mudar / comer / tomar) bebidas alcohólicas. Ya sabes que no nos gusta que (4) _____ (saludarse / emborracharse / mudarse) con tus amigos. Es importante que (5) _____ (ser / beber / saber) responsable. Te recomendamos que (6) _____ (informarse / acordarse / mudarse) bien para no ir a las partes peligrosas de la ciudad. Las ciudades grandes están muy bien, pero tienen sus inconvenientes.

Un abrazo,

Papi y Mami

10-13 Comentarios

Dos ancianos escuchan a los candidatos para las elecciones de su barrio y comentan acerca de algunos asuntos. Escribe seis oraciones con una expresión de cada columna y el presente de indicativo o subjuntivo, según corresponda. Sigue el modelo.

MODELO   *Pienso que es una lástima que la violencia continúe.*

sentir que
preocuparse de que
esperar que
pensar que es una lástima que
alegrarse de que
creer que es una lástima que

el alcalde ahorrar dinero para la comunidad
el servicio de grúas funcionar
los ladrones robar en el barrio
la banda tocar muy bien
~~la violencia continuar~~
yo dar de comer a los pobres
nosotros no construir casas para las personas sin hogar

1. _____
2. _____
3. _____
4. _____
5. _____
6. _____

Escena 3

Asuntos sociales, políticos y religiosos

10-14 Las creencias

Para cada definición de la columna B selecciona la palabra que corresponde de la columna A.

A

1. manifestación _____
2. ateo _____
3. musulmán _____
4. sinagoga _____
5. mezquita _____
6. rezar _____
7. leyes _____
8. impuestos _____
9. conservadores _____

B

a. persona que practica la religión islámica

b. templo musulmán

c. decir una oración (*prayer*)

d. una persona que no cree en Dios

e. reglas (*rules*) de una comunidad o sociedad

f. templo de los judíos

g. cuando un grupo de personas protesta por una causa

h. dinero que se paga al gobierno

i. personas con ideas más tradicionales

10 15 Los líderes

Lamentablemente en su historia muchos países han sufrido bajo una dictadura y esa realidad ha impactado la vida de muchas personas. Lee el siguiente párrafo y complétalo con el vocabulario correspondiente.

peligrosos	la igualdad	la paz	derechos humanos
leyes	en contra	la guerra	justicia

Muchos países han pasado por momentos muy difíciles y tristes en su historia

a causa de gobiernos dictatoriales. Éstos son sistemas de gobierno totalitarios y

(1) _____ para los ciudadanos. Durante las dictaduras, la

gente tiene que obedecer (2) _____ injustas.

Afortunadamente, muchos líderes contemporáneos respetan a sus ciudadanos y

reconocen que todas las personas tienen (3) _____ básicos y

universales. Muchos líderes también están (4) _____ de

(5) _____ y la violencia y quieren

(6) _____. Esa clase de líderes no permite que existan

prejuicios en sus sociedades y luchan por (7) _____

de todas las personas. También luchan para que en sus países haya

(8) _____.

10-16 Una manifestación

Esta semana hay una manifestación en la Universidad de El Paso, Texas. Dos amigas, Margarita y Patricia, hablan sobre los derechos de los estudiantes. Están frustradas porque el seguro médico de la universidad es muy caro. Completa el diálogo con las palabras indefinidas y negativas.

1. *Margarita:* Estoy contenta de participar en la manifestación. _____ estudiante debe apoyar esta ley tan ridícula que nos obliga a pagar un seguro médico tan caro.

    a. Ninguno　　　　b. Alguno　　　　c. Ningún　　　　d. Alguien

2. *Patricia:* ¿Crees que _____ estudiante de nuestra clase va a venir a la manifestación?

    a. alguien　　　　b. algún　　　　c. alguno　　　　d. nadie

3. *Margarita:* No, no creo que venga _____.

    a. algún　　　　b. ninguno　　　　c. alguno　　　　d. nada

4. *Patricia:* Espero que _____ día todos estemos de acuerdo con el gobierno.

    a. ningunos　　　　b. algún　　　　c. algo　　　　d. no

5. *Margarita:* No dudo que la manifestación va a ser muy beneficiosa para _____ de los estudiantes, especialmente, los que tienen menos dinero. Tenemos que luchar por nuestros derechos.

    a. algunos　　　　b. alguien　　　　c. ninguno　　　　d. nada

6. *Patricia:* Mira, _____ más de nuestra clase viene a la manifestación. ¿La conoces?

    a. alguien　　　　b. ningunos　　　　c. ningún　　　　d. ninguna

    Margarita: No, no la conozco, pero me parece fantástico que venga a protestar.

¡Manos a la obra!

4. Expressing uncertainty and denial: The subjunctive with expressions of doubt or negation

10-17 Un debate político

Dos candidatos para alcalde participan en un debate político. Completa su conversación con el presente de indicativo o subjuntivo del verbo correspondiente.

| dar | poder | ir | pensar | olvidar | ser | votar | ganar |

Candidato conservador: Creo que el medio ambiente (*environment*)
(1) _____ muy importante. Si
ustedes me eligen como alcalde, voy a protegerlo.

Candidato liberal: En el pasado usted no tuvo esta preocupación ecológica,
por eso dudo mucho que usted lo
(2) _____ a proteger ahora.

Candidato conservador: Pues yo estoy seguro de que usted no
(3) _____ ganar estas elecciones,
porque no respeta las ideas de los ciudadanos más
tradicionales.

Candidato liberal: Yo sé que los ciudadanos conservadores no
(4) _____ que todas mis ideas sean
buenas, pero no es justo que ellos se
(5) _____ del apoyo que les doy en
asuntos de seguridad nacional. Y además, es probable que
muchos de los jóvenes liberales y conservadores me
(6) _____ sus votos.

Candidato conservador: Es posible que algunos de ellos
(7) _____ por usted, pero es muy
probable que yo (8) _____ estas
elecciones.

10-18 Y tú, ¿qué opinas?

¿Qué opinas sobre lo siguiente? Para dar tus opiniones, usa las siguientes expresiones y el presente de indicativo o subjuntivo según corresponda.

Es imposible...	Es verdad...	Es improbable...	No creer...
Estoy seguro/a...	Dudo...	Es posible...	No es verdad...

1. Una mezquita es un templo para los judíos.

    _____

2. Los católicos creen en la Virgen María.

    _____

3. Los candidatos políticos gastan mucho dinero en las campañas electorales.

    _____

4. Los musulmanes, judíos y cristianos pueden vivir juntos y en paz.

    _____

5. En el año 2050 va a haber paz y justicia en todos los países de Oriente Medio.

    _____

6. El Papa (*Pope*) lucha por la paz del mundo.

    _____

7. El gobierno de Estados Unidos piensa reducir el precio de la gasolina este mes.

    _____

8. En Estados Unidos hay seguridad nacional.

    _____

Toque final

A. ¡A escribir! ¿Qué le recomiendas al gobierno?

Mira las fotografías que siguen, piensa en tus prioridades como ciudadano estadounidense y dales recomendaciones a los representantes del gobierno. Usa las expresiones útiles y el subjuntivo para escribir un mínimo de ocho oraciones.

Vocabulario útil:			
querer (ie)	es una lástima	insistir (en)	es necesario
desear	esperar	recomendar (ie)	es importante
preferir (ie)	sentir (ie, i)	es increíble	es mejor
pedir (i)	aconsejar	es ridículo	

Ejemplo: Me preocupa que el gobierno de Estados Unidos no resuelva el problema del analfabetismo (*illiteracy*). Le recomiendo al gobierno que gaste más dinero en las escuelas y en la educación.

¿Qué le recomiendas al gobierno?

_____

_____

_____

_____

_____

_____

_____

_____

_____

_____

_____

_____

_____

B.   Tu mundo cultural

Lee las secciones culturales de este capítulo. Luego, completa las siguientes oraciones.

1. Los barrios hispanos de Estados Unidos están compuestos de personas de países

    como México, _____ o _____,
    por ejemplo.

2. En *Little Havana* residen muchos _____ que llegaron allí
    después de la instauración del régimen comunista de Fidel Castro
    en su país.

3. *Olvera Street* está situada en el barrio más antiguo de

    _____.

4. _____ tiene la comunidad judía más grande del
    continente americano, después de las de EE.UU. y Canadá.

Capítulo 11 En el trabajo

Escena 1
En la oficina

11-1 Crucigrama

Completa el crucigrama con las palabras que corresponden.

Horizontales

1. Cuando no trabajamos a tiempo completo, trabajamos a tiempo...

3. Para cortar papel se necesitan unas...

7. El... son los tres primeros números de teléfono que marcamos para llamar a otro estado. (tres palabras)

8. Usamos un... para enviar una carta o documentos por correo.

10. Un libro que contiene números de teléfono es una... (dos palabras)

Verticales

2. El ... es el documento que describe nuestros estudios y experiencias laborales.

4. Usamos la... para imprimir documentos de la computadora.

5. El formulario que llenamos para conseguir un trabajo es una...

6. El hombre que supervisa a los trabajadores, obreros y empleados es el...

9. Las mujeres y hombres de negocios usan un... para llevar los documentos importantes.

11-2 Falta de experiencia

Jimena es nueva en la oficina y no tiene mucha experiencia. Es joven, está muy nerviosa y no sabe qué hacer. Contesta sus preguntas con la respuesta correspondiente.

1. _____ ¿Dónde trabajo?
   a. en tu maletín
   b. en el anexo
   c. en tu cubículo

2. _____ Tengo que mandar una foto digital. ¿Cómo lo hago?
   a. Mándala en un anexo de un correo electrónico.
   b. Marca el número de teléfono correcto.
   c. Imprímela en la impresora.

3. _____ Tengo que hablar con la persona que sabe acerca de los beneficios.
   a. Envíale un sobre con los documentos.
   b. Imprime los documentos.
   c. Ve a hablar con el jefe de personal.

4. _____ ¿Dónde pongo los documentos?
   a. en una impresora
   b. en un archivo
   c. en unas tijeras

5. _____ El jefe no está, pero tengo que hablar con él de un asunto muy importante.
   a. Envíale un mensaje electrónico.
   b. Imprímelo con la impresora.
   c. Bórralo de su computadora.

6. _____ Tengo que hacer una llamada a la extensión 1234.
   a. Di "¿Aló? Habla Jimena Herrera. ¿En qué le puedo servir?"
   b. Marca los cuatro números.
   c. Haz una llamada de larga distancia.

7. _____ Tengo que llamar a una compañía que está en otro estado. ¿Qué hago?
   a. Marca los cuatro números.
   b. Haz una llamada de larga distancia.
   c. Di "Aló".

11-3 Un asunto privado

Un compañero de trabajo te llama para pedirte un favor. Completa el párrafo con el vocabulario correspondiente para saber lo que necesita.

solicitud	fotocopiadora	imprimir	jefe
puesto	guardar	cubículo	archivo

Mira, estoy aquí en mi (1) _____ y tengo un problema grave.

Esta mañana hice unas copias en la (2) _____ y dejé allí un

(3) _____ lleno (*full*) de documentos confidenciales. ¡Dentro

hay una (4) _____ de empleo que hice para otra compañía

y también mi currículo! No te lo he dicho, pero estoy buscando un

(5) _____ en otra compañía porque no me gusta nuestro

(6) _____ de ventas. No veo el archivo por ninguna parte

y tengo miedo de que el jefe lo encuentre. Esta tarde tengo una entrevista (*interview*),

así que voy a (7) _____ otro currículo para llevármelo. Por

favor, ayúdame a encontrar el archivo. Si lo encuentras, lo mejor es

(8) _____lo en tu maletín. Bueno, tengo prisa. ¡Adiós,

y gracias por tu ayuda!

¡Manos a la obra!

1. Talking about what has happened: The present perfect

11-4 ¿Lo has hecho?

La jefa de la compañía tiene una reunión muy importante hoy y quiere que todos sus empleados estén preparados. Completa la conversación con el presente perfecto de los verbos.

Jefa:	¿Están todos preparados para la reunión?
Secretaria:	Creo que sí.
Jefa:	Vamos a ver. ¿(1) _____ (hacer) usted y Ana las fotocopias?
Secretaria:	Sí, y nosotras también (2) _____ (poner) las cartas en los sobres.
Jefa:	Excelente. ¿Les (3) _____ (escribir) usted un mensaje electrónico a todos los empleados para que se acuerden de la hora de la reunión?
Secretaria:	Sí, y yo también (4) _____ (hablar) con ellos por teléfono. Todos me (5) _____ (decir) que van a llegar a la reunión temprano.
Jefa:	Muy bien. ¿Y Carlos y Mario (6) _____ (pedir) la comida para el almuerzo?
Secretaria:	Sí, y los responsables de la cafetería ya la (7) _____ (traer). Está todo en la sala de conferencias.
Jefa:	¡Muchísimas gracias por todo!

ACT

11-5 Cosas que pasan en la oficina

La jefa del departamento tiene un problema y necesita ayuda. Completa la conversación con el presente perfecto de los verbos que corresponden.

recibir	hablar	arreglar	decir
escribir	borrar	abrir	resolver
tratar	pedir	responder	

Jefa: Hola, Marga. ¿Qué tal?

Marga: Bien, ¿y usted?

Jefa: No muy bien, si te digo la verdad. Carmen me (1) _____ que tiene un problema y hay que solucionarlo. Ella (2) _____ sin querer unos documentos muy importantes de su computadora y tenemos que recuperarlos.

Marga: ¿(3) _____ usted por teléfono con los técnicos?

Jefa: No, yo les (4) _____ de llamar pero no contestan. Por eso, yo les (5) _____ un *e-mail* y les (6) _____ ayuda. Un momento, voy a ver si ellos (7) _____ a mi mensaje.

Marga: ¿(8) _____ usted la respuesta de los técnicos?

Jefa: Sí. En el mensaje dicen que ellos (9) _____ la computadora de Carmen y que ellos (10) _____ el problema. Carmen (11) _____ los documentos y todo está bien.

Marga: ¡Qué bien!

Jefa: Sí, ¡qué alivio!

11-6 Las responsabilidades de tus colegas

Trabajas en una oficina donde hay mucho trabajo. Tú le haces preguntas a un/a colega sobre una lista de cosas que hay que resolver. Completa sus respuestas a tus preguntas con el presente perfecto de los verbos que corresponden. En las respuestas usa los pronombres de objeto directo. Sigue el modelo.

pedir	hacer	romper	~~abrir~~	escribir	imprimir	resolver

TÚ	TU COLEGA

MODELO …¿y las cartas? Ya *las* *he* *abierto*. Están en su escritorio.

1. …¿y mi café? Marcela _____ _____ _____.

2. …¿y la comida? Rita y Jorge _____ _____ _____
de su restaurante favorito.

3. …¿y el mensaje para Tú ya _____ _____ _____.
el gerente? ¿No recuerdas?

4. …¿y esas solicitudes También, creo que tú _____ _____ _____.
que necesito leer? Están en el archivo.

5. …¿y los problemas de ayer? Todos nosotros _____ _____ _____.

6. …¿y la fotocopiadora? Lo siento, yo _____ _____ _____.
No te preocupes. Jorge la sabe reparar.

Escena 2

En la empresa

11-7 ¿Qué palabra no se asocia?

Natalia es editora del periódico de su empresa y como escritora
siempre busca la palabra más apropiada. Marca la palabra de
cada grupo que no se relaciona con las otras.

Natalia

1. a. deuda b. empresa c. conflicto d. problema

2. a. ganancia b. diálogo c. entrevista d. conversación

3. a. oportunidad b. compañero c. colega d. empleado

4. a. presupuesto b. dinero c. solicitud d. finanzas

5. a. equivocarse b. promoción c. ganar d. tener éxito

6. a. tener razón b. saber c. entender d. colega

7. a. tener suerte b. problema c. oportunidad d. fortuna

11-8 En alza

Esteban Camacho Ramírez ha tenido un buen año en su compañía. Para saber por qué ha tenido tanto éxito, completa el párrafo con las palabras que corresponden.

éxito	empresa	promoción	economía
ganar	ganancias	empleado	acciones
mercado	suerte		

Yo soy (1) _____ de *Tecnova*, una compañía

tecnológica de Barcelona. Soy agente de Bolsa y administro todas las

(2) _____ que nuestros clientes compran para invertir

en la empresa. Mi jefe está muy contento conmigo porque yo he tenido mucho

(3) _____ este año. Mis

(4) _____ subieron a un millón de dólares y ahora el

presidente de la (5) _____ dice que me va a dar una

(6) _____. Mi esposa dice que siempre tengo mucha

(7) _____ con la Bolsa, pero yo pienso que se debe a

un (8) _____ en alza. Ahora me voy a concentrar en

Europa, donde la (9) _____ está mejorando y el euro

es cada vez más fuerte. ¡Ha sido un año lucrativo, pero espero

(10) _____ aún (*even*) más el año que viene!

11-9 Rompecabezas

Descifra (*Unscramble*) las letras mezcladas para escribir una palabra del vocabulario. Luego, observa las letras que tienen números y pásalas a los cuadros de abajo. ¿Puedes contestar esa pregunta?

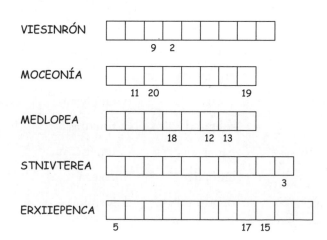

VIESINRÓN

MOCEONÍA

MEDLOPEA

STNIVTEREA

ERXIIEPENCA

TRSUUSEOPEP ▢▢▢▢▢▢▢▢▢▢▢
  21 7   1

ROCPOIMÓN ▢▢▢▢▢▢▢▢
  10   14

AOVEERISQUC ▢▢▢▢▢▢▢▢▢▢
  6   16   22   4

TIRNEVRI ▢▢▢▢▢▢▢▢
  8

¿ ▢▢ H▢▢ ▢▢▢▢▢▢▢▢▢▢ ▢▢▢ ▢▢ B▢▢▢ ?
 1 2   3 4 5 6 7 8 9 10 11 12 13 14 15 16 17 18 19 20 18 21 22

¡Manos a la obra!

2. Talking about what will happen: The future tense

11-10 Las finanzas

Santiago tiene que resolver varios asuntos laborales y económicos. Empareja cada situación con la mejor solución.

1. Perdí mi puesto en *Tecnova* porque la empresa quebró (*went bankrupt*) y ahora busco trabajo. _____

2. Necesito referencias para ponerlas en la solicitud de empleo. _____

3. Tengo que organizar la situación financiera de mi familia para ahorrar más. _____

4. Tengo muchas deudas. _____

5. Tengo una entrevista mañana. _____

6. Tuve éxito con la entrevista y me ofrecieron un puesto. _____

7. Quiero acciones en la empresa Sandoval. _____

8. Deseo una promoción. _____

a. Estaré preparado y me vestiré de forma profesional.

b. Haré un presupuesto en la computadora.

c. Trabajaré muchas horas y ganaré mucho dinero para la compañía.

d. Le pediré una carta de recomendación a mi jefe de *Tecnova*.

e. Aceptaré la oferta.

f. Buscaré un trabajo nuevo en la empresa Sandoval.

g. Las pagaré poco a poco.

h. Las compraré con parte de mi sueldo de este año.

11-11 Plan para ganar más

Marco es ejecutivo y quiere aumentar las ganancias de su compañía. Completa su plan con el futuro de los verbos que corresponden.

escribir	hablar	dar	decir	reunirse

Yo (1) _____ con mis asociados por teléfono y

ellos me (2) _____ sus ideas. Después yo

(3) _____ mi estrategia en la computadora. A continuación,

el presidente de la compañía y yo (4) _____ y él me

(5) _____ su aprobación.

tener	mandar	implementar	explicar	ser

Mi gerente de ventas les (6) _____ un correo

electrónico a todos los empleados para informarles de la reunión. La reunión

(7) _____ en la sala de conferencias. Durante la reunión yo

les (8) _____ el nuevo plan a todos los empleados, y después

ellos (9) _____ las estrategias. Es obvio que con este plan la

compañía (10) _____ mucho éxito.

11-12 ¿Qué harás?

Lo que sigue ocurrió en tu oficina esta semana. Escribe una oración completa para explicar lo que harás ahora. Usa por lo menos un verbo en el futuro para cada oración.

1. Has perdido unos documentos importantes.

   _____

2. Tu colega le ha dicho una mentira (*lie*) al jefe.

   _____

3. Has encontrado cien dólares en tu cubículo.

   _____

4. Tu jefe te ha dado una promoción.

   _____

5. Normalmente recibes mil dólares cada dos semanas. Esta semana has recibido dos mil dólares.

   _____

Nombre _____ Fecha _____

11-13 Bienvenidos a *Tecnova*

El gerente de la empresa *Tecnova* les da información importante a sus nuevos empleados. Escribe el número ordinal que corresponde al número entre paréntesis.

Bienvenidos a *Tecnova*, la (1) _____ empresa mundial que le ha vendido comida caliente a los astronautas de la NASA. En el (5) _____ piso de nuestro edificio se encuentra el departamento de ventas. Allí trabaja el vendedor Julio César, un miembro de la (3) _____ generación de la familia que dirige la empresa. Su padre y su abuelo la fundaron 1964. Estamos entrando al departamento de recursos humanos. ¿Ven aquella persona en el (6) _____ cubículo? Se llama Patricia y es la (4) _____ secretaria que he tenido este año. Bueno, eso es todo por ahora. Vuelvo a mi oficina para ver la (9) _____ entrada *(inning)* del partido de béisbol.

Escena 3

En la fábrica

11-14 ¿De qué habla?

La vida en la fábrica donde trabaja Julio no es fácil y los obreros quieren tener mejores condiciones laborales. Lee lo siguiente y empareja la palabra que corresponde a lo que se describe.

1. Queremos tener un sueldo más alto. _____
2. Hay dos mujeres que quieren permiso por maternidad. _____
3. Estamos cansados y necesitamos comer y beber algo. _____
4. Mucha gente está sin trabajo. _____
5. Ayer diez personas perdieron sus puestos de trabajo. _____
6. Mañana es el día de la Independencia y no queremos trabajar. _____
7. Yo trabajo durante el día y mi esposa trabaja por la noche. _____
8. Algunos obreros no trabajan porque están protestando por sus condiciones de trabajo. _____
9. Mi horario de trabajo es de siete de la mañana a tres de la tarde. _____
10. Es una organización que defiende los derechos de los obreros. _____

a. el descanso
b. el día festivo
c. los despedidos
d. los turnos
e. la huelga
f. el día laboral
g. el sindicato
h. el aumento
i. los beneficios
j. el desempleo

11-15 La vida siempre mejora

Elisa está muy bien ahora porque tiene un buen trabajo en una fábrica, pero antes su situación no era tan buena. Completa la descripción de su vida laboral con las palabras apropiadas.

maternidad	obrera	beneficios	permiso
despidos	máquina	fábrica	festivos
línea	sueldo		

Trabajo en México en una (1) _____ de microchips. En mi nuevo puesto como (2) _____, trabajo ocho horas al día en una (3) _____ de producción. Yo opero una (4) _____ que procesa los microchips que se usan en las computadoras. Aunque no tengo un (5) _____ muy alto, es un buen trabajo porque recibo (6) _____. Si me lastimo o si me enfermo, me darán (7) _____ por enfermedad. También recibiré doce semanas de permiso por (8) _____ cuando tenga a mi bebé en julio.

Hace un año mi vida laboral no era tan buena. Trabajaba catorce horas diarias en una fábrica de cigarrillos. Había mucho desempleo en nuestra ciudad y, por esa razón, todos los obreros siempre teníamos miedo de los (9) _____. Trabajábamos casi todo el año y nunca nos daban días (10) _____, ni para el Año Nuevo. ¡Quiero decir que mi vida ha cambiado mucho con mi nuevo puesto y estoy contenta de tener beneficios!

¡Manos a la obra!

3. Por and para, a summary

11-16 ¿Para qué trabaja?

Manuel trabaja en una fábrica por muchas razones. Lee sobre su trabajo y selecciona *por* o *para*, según el contexto.

1. Yo trabajo (**por** / **para**) una fábrica de muebles en la frontera de México.

2. Cada día salgo de casa a las seis de la mañana (**por** / **para**) la fábrica.

3. He trabajado allí (**por** / **para**) cinco años.

4. Trabajo cuarenta y ocho horas (**para** / **por**) semana (**por** / **para**) ganar un sueldo razonable.

5. Todas las semanas me pagan doscientos dólares (**por** / **para**) mi trabajo.

6. Uso el dinero (**por** / **para**) pagar el alquiler y comprar la comida.

7. También guardo un poco porque tengo que pagar mucho dinero (**por** / **para**) mis clases.

8. En un año voy a empezar a estudiar ingeniería informática. Estudiaré (**por** / **para**) dos años en la capital de México.

9. Voy a estudiar mucho y a sacar mi licencia (**por** / **para**) poder vivir mejor.

11-17 ¡Qué decepción!

Lee lo que le pasó a Héctor con un jefe que tuvo. Completa la narración con *por* o *para*, según el contexto.

Hace unos años, cuando trabajaba (1) _____ una empresa en Buenos Aires, un día mi jefe Coqui me llamó (2) _____ hablar conmigo. Me dijo que yo tenía que mandar trescientas cartas a los accionistas (3) _____ anunciarles acerca de una reunión muy importante. ¡Me dijo que tenía que hacerlo (4) _____ las seis de la tarde de aquel día! Trabajé (5) _____ cinco horas buscando y poniendo las direcciones en los sobres. Los terminé a las cinco y media y salí (6) _____ la oficina de correos. Manejé rápidamente (7) _____ toda la ciudad (8) _____ llegar a tiempo. Llegué a las seis en punto y por fin mandé las cartas. Al día siguiente, un colega me dijo que había recibido una carta que anunciaba una fiesta de cumpleaños (9) _____ Coqui. ¡Entonces entendí! Ese mismo día renuncié (*quit*) a mi puesto (10) _____ lo que hizo mi jefe.

Toque final

A.   ¡A escribir! ¿Cómo es tu trabajo?

Describe tu trabajo actual o un trabajo voluntario que haces.

Menciona lo siguiente:

- Dónde y qué días trabajas

- Las responsabilidades de tu trabajo

- Los aspectos que te gustan y que no te gustan de tu trabajo

- Si el sueldo que recibes es justo

- Si has recibido promociones y por qué

¿Cómo es tu trabajo?

_____

_____

_____

_____

_____

_____

_____

_____

_____

_____

B. Tu mundo cultural

Después de leer las secciones culturales de este capítulo, indica si lo que dicen las siguientes afirmaciones es cierto o falso.

1. En el mundo hispano, es importante establecer buenas relaciones personales con los clientes antes de intentar hacer negocios.

    _____ cierto _____ falso

2. En el mundo hispano, es muy común tener reuniones durante el almuerzo para hablar de asuntos profesionales.

    _____ cierto _____ falso

3. La puntualidad es importante cuando una persona se refiere a la hora inglesa.

    _____ cierto _____ falso

4. Está bien hacer el gesto de "OK" en un contexto profesional.

    _____ cierto _____ falso

5. Otavalo es una región famosa por las grandes compañías multinacionales que hay allí.

    _____ cierto _____ falso

6. Los otavaleños son conocidos por su inteligencia y su éxito en los negocios.

    _____ cierto _____ falso

Capítulo 12 Nuevos horizontes

Escena 1

De viaje por el mundo hispano

12-1 Crucigrama

Completa el crucigrama con las palabras que corresponden.

Horizontales

5. Es un lugar donde hay muchos árboles y plantas tropicales.

7. Cuando una persona no llega al aeropuerto a tiempo, puede... el avión.

8. Es un lugar con mucho tráfico aéreo.

10. Es donde ponemos la cabeza cuando dormimos.

Verticales

1. Una persona que viaja en un tren, autobús o avión es un....

2. Viajar por el aire es...

3. La mujer que sirve la comida y ayuda en un avión es la...

4. El documento que se necesita para subir a bordo de un avión es la... de embarque.

6. El lugar donde revisan las maletas después de un vuelo internacional es la...

9. Una cadena de montañas forma una...

10. Es una abertura en una montaña por donde sale lava.

12-2 Consejos para un viaje

Carlos le da algunos consejos a José antes de su viaje a Costa Rica. Completa sus recomendaciones con el vocabulario correspondiente.

asiento de ventanilla	facturar	vuelo
aeropuerto	aerolínea	sacar el pasaporte

1. Antes de salir de viaje, tienes que _____.
   No puedes viajar a otro país si no lo tienes.

2. Antes de pasar por la puerta de embarque tienes que
   _____ el equipaje.

3. Si quieres ver los volcanes desde el avión, debes reservar un
   _____.

4. Cuando vuelo, Tico Air es mi _____ preferida. Te la
   recomiendo.

5. Debes planearlo bien todo y estar preparado. ¿Cuál es el número de tu
   _____ a Costa Rica?

6. Te aconsejo que llegues al _____ tres horas antes. De esa
   forma tendrás tiempo suficiente para pasar por los controles de seguridad.

12-3 El viaje ideal

Lee las siguientes ofertas para viajes a Latinoamérica y a España, y selecciona la mejor opción para las siguientes personas que quieren ir de vacaciones.

Paquete A (Quito, Ecuador) Incluye:	Paquete B (Las Islas Canarias, España) Incluye:	Paquete C (Distrito Federal, México) Incluye:
viaje de ida y vuelta	viaje de ida y vuelta	viaje de ida y vuelta
taxi al hotel	transporte al hotel	transporte al hotel
hotel de 5 estrellas	estancia de tres noches	habitación doble
calefacción y aire acondicionado	desayuno y almuerzo	servicio de habitación
sauna y discoteca	cena romántica	visitas organizadas a museos
vistas de los Andes	cerca de la playa	conciertos al aire libre
	piscina en el hotel	

1. A Ana le gustan las ciudades cosmopolitas. Le encanta el arte y la música. No le
   gusta tomar el sol. Prefiere el ruido de la ciudad. _____

2. Juan y Marcela quieren ir de luna de miel. Creen que un lugar exótico sería
   perfecto. Les gusta mucho la playa y nadar. _____

3. Ernesto desea relajarse en un hotel de primera clase en un lugar situado cerca de
   las montañas. Le encanta bailar. _____

¡Manos a la obra!

1. Talking about what would happen: The conditional

12-4 De viaje en avión

Olivia está organizando un viaje a Argentina porque quiere visitar a unos amigos, pero nunca ha viajado en avión. Dile lo que tú harías siguiendo el orden cronológico de los dibujos.

sacar el pasaporte

confimar el vuelo

hacer la maleta

llegar a tiempo al aeropuerto

subir al avión

hablar con otros pasajeros

darle las gracias a la azafata

1. _____

2. _____

3. _____

4. _____

5. _____

6. _____

7. _____

12-5 ¿Qué harían ellos en tu lugar?

Vas a hacer un viaje a Chile y tu familia y amigos te dicen lo que ellos pondrían o no en la maleta si viajaran allí. Usa el condicional de los verbos.

> **llevar** un suéter
> **no guardar** los cheques de viajero
> **viajar** con unas aspirinas
> **poner unos** pantalones cortos
> **no olvidarse** de poner Pepto Bismol

MODELO

Mis padres dicen que ellos <u>no se olvidarían de poner Pepto Bismol</u> en la maleta.

1.

Mi hermano mayor dice que él _____ en la maleta.

2.

Mi hermano menor dice que él _____ en la maleta.

3.

Mis amigos dicen que ellos _____ en la maleta.

4.

Mi hermana dice que ella _____
en la maleta.

Escena 2

La ciencia y la tecnología

12-6 ¿Qué palabra no se asocia?

Marca la palabra de cada grupo que no se relaciona con las otras.

1. a. prolongar la vida   b. evitar enfermedades   c. contaminar

2. a. comunicarse   b. proteger   c. la prensa

3. a. la prensa   b. medio ambiente   c. la Tierra

4. a. la investigación   b. la contaminación   c. la exploración espacial

5. a. la energía eólica   b. la energía solar   c. la nave espacial

12-7 La ciencia y la tecnología

Pon las siguientes palabras y frases en la categoría que les corresponde.

fábricas	nave espacial	carros tradicionales
dióxido de carbono	energía eólica	viajes alrededor de la Tierra
satélite	carros híbridos	energía solar

La protección del medio ambiente	La contaminación	El espacio

12-8 ¿Cierto o falso?

Indica si lo siguiente es cierto o falso.

1. La Luna, como la Tierra, es un planeta.

____ cierto   ____ falso

2. Un carro híbrido utiliza mucha gasolina.

____ cierto   ____ falso

3. La energía eólica se usa para producir electricidad.

____ cierto   ____ falso

4. La destrucción de la capa de ozono evita el cáncer de piel

____ cierto   ____ falso

5. La energía solar tiene ventajas ecológicas y económicas.

____ cierto   ____ falso

¡Manos a la obra!
Reacting to past actions, conditions or events: The imperfect (past) subjunctive

12-9 ¿Qué opina Rodolfo?

Rodolfo trabaja en El Parque Nacional Manuel Antonio en Costa Rica. Para saber lo que él piensa que se debe hacer para conservar el medio ambiente, completa las oraciones con la opción apropiada.

1. Podríamos tener agua potable si...
   a. conservaríamos el medio ambiente.
   b. conserváramos el medio ambiente.
   c. contamináramos el medio ambiente.
   d. contaminaríamos el medio ambiente.

2. Si se creara conciencia del medio ambiente...
   a. la gente cuidara los árboles.
   b. la gente cuidaría los árboles.
   c. la gente evitara los árboles.
   d. la gente evitaría los árboles.

3. Se evitaría la extinción de animales y plantas si...
   a. el gobierno pusiera multas por contaminar.
   b. el gobierno pondría multas por contaminar.
   c. el gobierno cuidara multas por contaminar.
   d. el gobierno cuidaría multas por contaminar.

4. Si educáramos a la población...
   a. se cultivarían productos orgánicos.
   b. se cultivaran productos orgánicos.
   c. se evitarían productos orgánicos.
   d. se evitaran productos orgánicos.

5. No habría tanta contaminación en las ciudades si........
   a. más gente evitaría el transporte público.
   b. más gente evitara el transporte público.
   c. más gente usaría el transporte público.
   d. más gente usara el transporte público.

12-10 Hay que hacer algo

Lee la conversación entre Anita y Juan sobre la capa de ozono de la atmósfera.
Completa el diálogo con el condicional o el imperfecto de subjuntivo, según
corresponda.

-Anita: ¿Sabes qué es la capa de ozono?

-Juan: Sí, es la capa que cubre y protege la tierra de la radiación ultravioleta.

-Anita: ¿Qué (1) _____ (pasar) si nosotros no
(2) _____ (tener) la capa de ozono?

-Juan: Si la capa de ozono no (3) _____ (existir), la gente
(4) _____ (tener) más enfermedades de la piel y
(5) _____ (haber) más enfermedades de ojos como
cataratas o conjuntivitis.

-Anita: Eso es increíble. ¿Crees que los animales (6) _____
(morirse) sin la protección de la capa de ozono?

-Juan: Sí, la ausencia de la capa de ozono (7) _____
(afectar) el desarrollo de las plantas y de los animales.

-Anita: ¡Qué tristeza! ¿Crees que si nosotros (8) _____
(decidir) cambiar y reducir la contaminación,
(9) _____ (poder) mejorar la situación?

-Juan: ¡Claro que sí! Pero para poder hacerlo, primero nosotros
(10) _____ (tener) que convencer a mucha gente.

12-11 El viaje deseado

Karen, una estudiante estadounidense, quiere visitar Ecuador, el país de origen de su
amiga Marta, pero no puede ir porque no tiene suficiente dinero. Completa lo que
haría Karen con su amiga si pudiera hacer el viaje. Usa el imperfecto de subjuntivo y
el condicional, según corresponda.

Si Karen (1) _____ (viajar) con Marta a Ecuador, ellas

(2) _____ (visitar) las ruinas de Cochasquí, un sitio

arqueológico con monumentos funerarios en forma pirámide. Además, si ellas

(3) _____ (tener) tiempo, (4) _____

(ir) a ver el volcán Cotopaxi. Si Karen (5) _____ (llevar)

suficiente dinero, le (6) _____ (gustar) comprar una toalla con

una culebra (*snake*) de la selva. Marta, sin embargo, (7) _____

(preferir) comprar una toalla de una playa con palmeras. Karen y Marta también

(8) _____ (poder) visitar Calderón, un pueblo situado a

quince minutos de la capital, para comprar joyas y artesanía.

12-12 ¿Qué pasaría?

¿Si la gente cambiara, cuáles serían los resultados? Usa el imperfecto de subjuntivo y
el condicional para formar oraciones con las columnas A, B y C.

MODELO *Si la gente respetara más la naturaleza, no contaminaría el medio ambiente*

A	B	C
Tú	no fumar	no haber deforestación
~~La gente~~	comer bien y hacer ejercicio	prolongar la vida
Los científicos	plantar árboles	haber menos enfermos
Yo	usar carros híbridos	proteger el medio ambiente
Nosotros	~~respetar más la naturaleza~~	depender menos del petróleo
Usted	utilizar energía eólica y solar	~~no contaminar el medio ambiente~~
	descubrir la cura para el SIDA	vivir más años

1. Si _____.

2. Si _____.

3. Si _____.

4. Si _____.

5. Si _____.

Escena 3

En busca de una vida mejor

12-13 Empareja

Lee las siguientes definiciones y emparéjalas con las palabras que corresponden.

1. emigrar _____
2. estar satisfecho _____
3. una vida sencilla _____
4. país en desarrollo _____
5. el hambre _____
6. el poder _____
7. productos orgánicos _____
8. proveer agua potable _____

a. falta de (*lack of*) comida
b. la autoridad
c. plantas cultivadas sin usar pesticidas
d. sentirse contento
e. dejar el lugar de origen para ir a otro país región
f. ofrecer una necesidad básica
g. vivir con lo básico
h. lugar subdesarrollado

12-14 Los extranjeros

Lee el párrafo que sigue a continuación y llena los espacios con las palabras que correspondan.

diversidad	contribuyen	frontera
prosperar	inmigrantes	oportunidades

Muchas personas cruzan la (1) _____ para ir a otro país
donde es posible tener una vida mejor y se puede (2) _____.
Muchos de estos (3) _____ quieren obtener mejores
(4) _____ de trabajo. La mayoría de ellos
(5) _____ con su trabajo a la economía de los países que los
reciben. Gracias a la presencia de inmigrantes que llevan su música, costumbres,
comida y religión a los lugares adonde emigran, hay países con gran
(6) _____ cultural.

Toque final

A.   ¡A escribir! ¡A conocer el mundo hispano!

Imagina que tienes la oportunidad de hacer un viaje a un país hispanohablante para el próximo verano. Escribe como mínimo ocho oraciones con la siguiente información:

- con quién irías
- adónde irías
- qué medio de transporte usarías
- qué ropa o cosas llevarías en tu maleta
- por qué escogerías ese lugar
- qué harías allí
- qué lugares visitarías
- qué recuerdos o *souvenirs* comprarías

¡A conocer el mundo hispano!

_____

_____

_____

_____

_____

_____

_____

_____

_____

_____

_____

_____

_____

B. Tu mundo cultural

Después de leer las secciones culturales de este capítulo, completa lo siguiente con la información apropiada.

1. Un país latinoamericano pionero del ecoturismo es

    _____. Allí hay 30 parques nacionales y numerosas reservas biológicas.

2. La capital de México tiene graves problemas de _____
    porque hay cuatro millones de vehículos que transitan todos los días por la ciudad y además, está rodeada de montañas que hacen más difícil el reciclaje del aire.

3. Además de Brasil, los países seis hispanos que comparten la cuenca del

    Amazonas son _____, _____,

    _____, _____ y

    _____.

4. Una de las causas principales de la deforestación del Amazonas es el

    _____.

5. En el pasado eran los _____ quienes emigraban
    a Latinoamérica en busca de oportunidades económicas o para exiliarse.

    Ahora, son los _____ de países como México, República Dominicana, Colombia, Venezuela, Ecuador, Perú y Argentina, quienes llegan a España.

Laboratory Manual

¡Con brío!

Capítulo

1 Primeros pasos

Chapter overview

In order to do the Lab Manual exercises, there are two ways you can listen to the audio. (1) Use Lab Manual **CD 1.** For your convenience, write down the track numbers on this page. (2) If you do not have the Lab Manual CDs*, go to WileyPLUS, and click on "audio" to listen to the appropriate chapter. In this case, you won't need to write down the track number. Listen to the recording as many times as you need to in order to complete each exercise.

*The CDs in the textbook are not the CDs for the Lab Manual.

Ejercicio	Page number	Track
1-1. Saludos, presentaciones y despedidas informales	2	———
1-2. Preguntas para ti	3	———
1-3. Saludos, presentaciones y despedidas formales	3	———
1-4. Preguntas para usted	4	———
1-5. Orígenes	4	———
1-6. ¿De dónde?	4	———
1-7. ¿De dónde son?	4	———
1-8. Descripciones	5	———
1-9. ¿Cómo eres?	5	———
1-10. Los números de teléfono	5	———
1-11. La clase	6	———
1-12. ¿Cuántos hay?	6	———
1-13. ¿Qué hora es?	7	———
1-14. ¿Qué días de la semana?	7	———
1-15. Los cumpleaños	7	———
1-16. Días, horas y fechas	8	———
1-17. El alfabeto español	8	———
1-18. ¡A deletrear!	8	———

Paso I

Greetings, introductions, and saying good-bye

Informal greetings and introductions

1-1   Saludos, presentaciones y despedidas informales

You will hear several informal conversations. Listen to and repeat each phrase. Follow the numbers in the illustrations so you know who is speaking. Be sure to link the sounds in the vowel-to-vowel and the vowel-to-consonant combinations.

1–10

✎ 1-2 Preguntas para ti

You will hear questions and a statement. Respond to each one. You will hear the questions and the statement twice.

1. _____.

2. _____.

3. _____.

4. _____.

Formal greetings and introductions; saying good-bye

1-3 Saludos, presentaciones y despedidas formales

You will hear several formal conversations. Listen to and repeat each phrase. Follow the numbers in the illustrations so you know who is speaking. Be sure to link the sounds in the vowel-to-vowel and the vowel-to-consonant combinations.

1–16

✎ 1-4 Preguntas para usted

You will hear questions and a statement. Respond to each one. You will hear the questions and the statement twice.

1. _____ .

2. _____ .

3. _____ .

4. _____ .

Paso II

Asking and answering questions about where you are from

1-5 Orígenes

You will hear several conversations. Listen to and repeat each phrase. Be sure to link the sounds in the vowel-to-vowel and the vowel-to-consonant combinations.

✎ 1-6 ¿De dónde?

You will hear people mention where they or other persons are from. Listen and fill in the blank with the letter that shows where the person is from.

1. Lupe es de   _____ .   a. Cuba
2. Gloria es de   _____ .   b. Ecuador
3. Digna y Ana son de   _____ .   c. España
4. Diego y Olivia son de _____ .   d. Guatemala
5. La profesora de español es de _____ . e. México
6. Daniel y Rafael son de _____ .   f. Panamá
                                             g. Paraguay
                                             h. Perú
                                             i. Puerto Rico
                                             j. República Dominicana
                                             k. Venezuela

1-7 ¿De dónde son?

Listen to Lupe talk about the country of origin of some of her friends and professors. As she speaks, fill in the blanks with the correct form of the verb *ser* and the appropriate preposition to express origin. You will hear it twice.

¡Hola! Me llamo Lupe. _____ _____ México y mi amiga Rosa,

también. Sí, Rosa y yo _____ _____ México. El profesor

Gómez _____ _____ Puerto Rico, pero la profesora

Sánchez _____ _____ Guatemala. Mis amigos Julio y

Raúl _____ _____ Chile. ¿Y tú, María? ¿De dónde eres?

¡Ah, sí! Tú _____ _____ España.

Paso III

Describing yourself and others using cognates

✎ 1-8 Descripciones

You will hear descriptions of several persons. For each one, mark the words that match the description.

1. Diego: ❑ inteligente ❑ cómico   ❑ popular   ❑ ambicioso ❑ serio
2. Lola: ❑ impulsiva   ❑ creativa   ❑ extrovertida ❑ rebelde   ❑ independiente
3. Los Ruiz: ❑ tranquilos   ❑ arrogantes ❑ egoístas   ❑ puntuales ❑ organizados

1-9 ¿Cómo eres?

You will hear questions about yourself. Describe what you are like by answering yes or no to each one. Follow the model. Listen for confirmation and repeat.

MODELO

You hear: ¿Eres arrogante?

You say: **Sí, soy arrogante.** (o) **No, no soy arrogante.**

Confirmation: Sí, soy arrogante. (o) No, no soy arrogante.

Repeat: **Sí, soy arrogante.** (o) **No, no soy arrogante.**

1.   2.   3.   4.   5.

Paso IV

Counting to 59

✎ 1-10 Los números de teléfono

In Spanish, the digits of phone numbers are usually given in pairs. You will hear a series of phone numbers. For each one, write the missing digits in the blank. You will hear each phone number twice.

1. (714) 23 _____ 18

2. (511) _____ 15 13

3. (913) 25 _____ 22

4. (617) _____ 29 17

5. (4_____)19 27 12

1-11 La clase

Identify the objects by number. Then listen for confirmation and repeat each word.

1–8

1-12 ¿Cuántos hay?

You will hear an inventory supervisor counting school supplies. For each one, he asks an assistant for the total. Give the total, then listen for confirmation and repeat the response.

MODELO

You hear: veinte bolígrafos y quince bolígrafos son...

You say: **treinta y cinco bolígrafos.**

Confirmation: treinta y cinco bolígrafos.

You repeat: **treinta y cinco bolígrafos.**

1.   2.   3.   4.   5.   6.

Paso V

Telling time

1-13 ¿Qué hora es?

Tell the time on the clocks. After each one, listen for confirmation.

1.    2.    3. 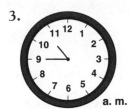   4.
a. m.   a. m.   a. m.

5. 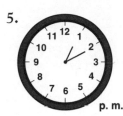   6. 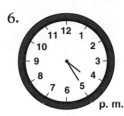   7. 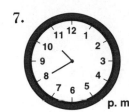   8.
p. m.   p. m.   p. m.

Paso VI

Indicating days of the week and dates

✎ 1-14 ¿Qué días de la semana?

You will hear students talk about their weekly schedules and activities. As you listen, write the day or days of the week that correspond to each class or activity.

1. La clase de física de Ana es los _____ y _____.

2. La fiesta de Juan es el _____.

3. La clase de religión de Pablo y Mónica es el _____ y

   el _____.

1-15 Los cumpleaños

You will hear the names of various people and their birthdays. For each one, say the date. (Remember that in Spanish, when dates are given in numbers, the day precedes the month.) Listen for confirmation and repeat the response.

MODELO
Lola: 3/5
You hear: Lola
You say: **el tres de mayo**
Confirmation: el tres de mayo
You repeat: **el tres de mayo**

1. Olivia: 15/4
2. Carmen: 23/11
3. Diego: 1/10
4. Pablo: 19/9

5. Sofía: 20/1
6. Fernando: 14/2
7. Enrique: 20/5
8. Patricia: 30/12

✎ 1-16 Días, horas y fechas

Answer the following questions. You will hear each question twice.

1. Hoy _____.

2. La fecha _____.

3. Mi clase de español _____.

4. Mi cumpleaños _____.

PRONUNCIACIÓN

1-17 El alfabeto español

Listen to and repeat the name of each letter of the Spanish alphabet.

El alfabeto español

a	a	ñ	eñe
b	be	o	o
c	ce, ce*	p	pe
d	de	q	cu
e	e	r	ere, erre*
f	efe	s	ese
g	ge	t	te
h	hache	u	u
i	i	v	ve chica, uve*
j	jota	w	ve doble, uve doble*
k	ka	x	equis
l	ele	y	i griega
m	eme	z	zeta, zeta*
n	ene		

* In Spain

1-18 ¡A deletrear! (*Spelling!*)

You will hear a series of words. Spell each one, then listen for confirmation.

1. Juan
2. extra
3. Bolivia
4. hoteles
5. feliz

6. Paraguay
7. kilo
8. mañana
9. que
10. calidad

Capítulo 2

La universidad y el trabajo

Chapter overview

In order to do the Lab Manual exercises, there are two ways you can listen to the audio. (1) Use Lab Manual **CD 1.** For your convenience, write down the track numbers on this page. (2) If you do not have the Lab Manual CDs*, go to WileyPLUS, and click on "audio" to listen to the appropriate chapter. In this case, you won't need to write down the track number. Listen to the recording as many times as you need to in order to complete each exercise.

*The CDs in the textbook are not the CDs for the Lab Manual.

Ejercicio	Page number	Track
2-1. La universidad	11	————
2-2. En la librería	12	————
2-3. ¿Qué hay en el campus de la universidad?	12	————
2-4. En el campus	12	————
2-5. ¿Dónde están exactamente?	13	————
2-6. ¿Dónde está Marcos?	13	————
2-7. ¿Qué hay?	14	————
2-8. ¿De qué color?	15	————
2-9. ¿De quién es?	15	————
2-10. ¿Cómo están?	16	————
2-11. Profesiones	17	————
2-12. ¿Adónde van?	18	————
2-13. ¡A preguntar!	18	————
2-14. Preguntas para ti	18	————
2-15. ¡A pronunciar!	19	————
2-16. Pronunciación y enlace en contexto	19	————

El campus universitario

2-1 La universidad

Identify the items by number. For each one, listen for confirmation.

MODELO
You hear: 1.
You say: **la universidad**
Confirmation: la universidad

2–25

¡MANOS A LA OBRA!

I. Identifying gender and number: Nouns and definite and indefinite articles

2-2 En la librería

You are with a friend at the Librería-Papelería Cervantes. Your friend mentions several items she sees, but she does not use any articles. You will help her remember the articles by repeating each item with the appropriate definite article (**el , la, los, las**). Listen for confirmation and repeat the response.

MODELO

You hear: cuaderno
You say: **el cuaderno**
Confirmation: el cuaderno
You repeat: el cuaderno

1. 2. 3. 4. 5. 6.

2-3 ¿Qué hay en el campus de la universidad?

All college campuses are different. I want to know what yours has. You will respond by saying if your college or university campus has or does not have the following items. Use **hay** and the corresponding indefinite article (**un, una, unos, unas**). Listen for confirmation and repeat the response.

MODELO

You hear: ¿Hay un estadio de deportes en tu *college* o universidad?
You say: **Sí, hay un estadio de deportes. (o) No, no hay un estadio de deportes.**
Confirmation: Sí, hay un estadio de deportes. (o) No, no hay un estadio de deportes.

1. 2. 3. 4. 5. 6.

¡MANOS A LA OBRA!

2. Saying where you are: The verb *estar* (to be) + location

2-4 En el campus

The people you will hear mentioned are on campus today. Look at the drawings and say where each one is, using the verb **estar**. Listen for confirmation and repeat the response.

1. Yo...   **2.** Los estudiantes...   **3.** La señorita Solís...

4. Nosotros...   **5.** Tú...   **6.** El profesor...

✎ 2-5 ¿Dónde están exactamente?

You will hear questions about the location of various places and items on campus. Listen to each question while you look at the university illustration (pages 10–11). You will hear each question twice. After you locate each place or item, mark the correct answer.

1. ❑ Está cerca del estadio de deportes.   ❑ Está lejos del estadio de deportes.

2. ❑ Está cerca de la cafetería Oaxaca.   ❑ Está lejos de la cafetería Oaxaca.

3. ❑ Están delante de la residencia estudiantil.   ❑ Están detrás de la residencia estudiantil.

4. ❑ Está al lado de la secretaría.   ❑ Está enfrente de la secretaría.

5. ❑ Está delante de la biblioteca.   ❑ Está detrás de la biblioteca.

6. ❑ Está al lado de la Facultad de Derecho.   ❑ Está detrás de la Facultad de Derecho.

2-6 ¿Dónde está Marcos?

Marcos will describe to you where he is. For each description circle the places he describes. You will hear each description twice.

1. el gimnasio   el cine   el estacionamiento

2. la plaza   el teatro   el estadio de deportes

3. la librería   el hospital   la biblioteca

4. la residencia estudiantil   la facultad de ciencias   la guardería infantil

5. el metro   la facultad de medicina   la cafetería

En clase

2-7 ¿Qué hay?

Identify the items by number. For each one, listen for confirmation.

MODELO
You hear: 1.
You say: **el televisor**
Confirmation: el televisor

2–18

2-8 ¿De qué color?

You will hear various items mentioned and what color they are. When asked about another item or items, say the color, changing the adjective to agree with the noun where necessary. Listen for confirmation.

MODELO

La mochila de Ramón es negra.
You hear: ¿Y el suéter de Sonia?
You say: **Es negro.**
Confirmation: Es negro.

You hear: ¿Y los bolígrafos de Marta?
You say: **Son negros.**
Confirmation: Son negros.

1. El cuaderno de Ana es azul.
2. La tiza es blanca.
3. La silla de la profesora es (color) café.
4. Las ventanas del laboratorio son verdes.
5. Las paredes del laboratorio son grises.
6. El carro de la profesora es anaranjado.

2-9 ¿De quién es?

Last week students and professors left several items in professor Ramos' office. Today he is asking Ana, the most efficient secretary in his department to find out who the owners are. Listen to the dialog and indicate to whom the items belong. You will hear the dialog twice.

MODELO

You hear: Ana, en mi oficina hay un cuaderno rojo. ¿De quién es?
Profesor, el cuaderno rojo es de Hugo.
You indicate who the owner is by drawing a line from 1. el cuaderno rojo to e. Hugo.

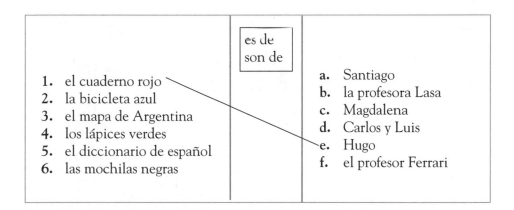

```
                    ┌──────────┐
                    │  es de   │
                    │  son de  │
                    └──────────┘
  1. el cuaderno rojo ╲              a. Santiago
  2. la bicicleta azul  ╲            b. la profesora Lasa
  3. el mapa de Argentina ╲          c. Magdalena
  4. los lápices verdes     ╲        d. Carlos y Luis
  5. el diccionario de español ╲     e. Hugo
  6. las mochilas negras             f. el profesor Ferrari
```

Now professor Ramos is back to his office. He is so absentminded that he forgot to whom most of the items belong. Using your notes, refresh his memory by answering his questions. Listen for confirmation.

MODELO

You hear: ¿De quién es el cuaderno rojo?
You say: **El cuaderno rojo es de Hugo.**
Confirmation: El cuaderno rojo es de Hugo.

1.   2.   3.   4.   5.

¡MANOS A LA OBRA!

3. Describing people's current conditions: *Estar* + condition

2-10 ¿Cómo están?

Look at the drawings and indicate how the people are doing. Listen for confirmation.

MODELO
You hear: ¿Cómo está la señora?
You say: **Está contenta.**
Confirmation: Está contenta.

1.

2.

3.

4.

5.

6.

Las profesiones y el trabajo

2-11   Profesiones

Identify each profession by number. Listen for confirmation.

MODELO
You hear: 1.
You say: **el dependiente**
Confirmation: el dependiente

2–17

¡MANOS A LA OBRA!

4. Talking about going places: *Ir* (to go) + *a* + destination

2-12 ¿Adónde van?

You will hear the names of various people and the places they are going. Instead of the verb, you will hear a beep. In each case, say the missing verb and preposition. Listen for confirmation.

MODELO

You hear: Joaquín y Rita (beep) la biblioteca por la mañana.
You say: **Joaquín y Rita van a la biblioteca por la mañana.**
Confirmation: Joaquín y Rita van a la biblioteca por la mañana.

1.   2.   3.   4.   5.   6.

¡MANOS A LA OBRA!

5. Asking questions: Interrogative words

2-13   ¡A preguntar!

You will hear a series of negative statements. For each one, ask a logical follow-up question. Listen for confirmation and repeat the response.

MODELO

You hear: La secretaria no va a la oficina.
You say: **¿Adónde va?**
Confirmation: ¿Adónde va?
You repeat: **¿Adónde va?**

1.   2.   3.   4.   5.   6.

✎ 2-14   Preguntas para ti

Two new students want to know more about you and your Spanish class. Answer each of their questions in complete sentences. You will hear each question twice.

1. _____

2. _____

3. _____

4. _____

5. _____

6. _____

PRONUNCIACIÓN

2-15   ¡A pronunciar!

Spanish vowels are short and clipped. Listen carefully to the vowels and to the accompanying words. Repeat each vowel sound and each word, trying to match the pronunciation of the speaker.

a   Ana   ama   Canadá   Amalia   caramba   Argentina

e   bebé   depende   lema   eres   mesero   España

i   sí   mi   Isidoro   indiferente   idiosincrasia   independiente

o   ocho   hospital   doctor   Ofelia   popular   honor   hora

u   uno   universidad   usted   único   último   Uruguay

2-16   Pronunciación y enlace en contexto

You will hear two students talking about their final exams. First listen to the dialogue. Then repeat each student's lines, making sure to link the sounds in the vowel-to-vowel and the vowel-to-consonant combinations. Be expressive!

¡Ay! ¡Los_exámenes finales!

1.
Diego: Hola, Paula, ¿cómo_estás?

Paula: Un poco nerviosa. El examen final de_historia_es_hoy_a_las_once. ¿Y tú?

2.
Diego: Estoy muy_estresado—¡mi examen de_inglés_es_ahora! ¡Chao!

3.
Paula: ¡Buena suerte! ¡Hasta mañana!

3 La familia y los amigos

Chapter overview

In order to do the Lab Manual exercises, there are two ways you can listen to the audio. (1) Use Lab Manual **CD 2.** For your convenience, write down the track numbers on this page. (2) If you do not have the Lab Manual CDs*, go to WileyPLUS, and click on "audio" to listen to the appropriate chapter. In this case, you won't need to write down the track number. Listen to the recording as many times as you need to in order to complete each exercise.

*The CDs in the textbook are not the CDs for the Lab Manual.

Ejercicio	Page number	Track
3-1. La familia	23	_____
3-2. Preguntas para ti	24	_____
3-3. ¿Cuántos años tienen?	24	_____
3-4. Relaciones de familia	24	_____
3-5. ¿Qué miembro de la familia es?	25	_____
3-6. ¿Y tu familia?	25	_____
3-7. Tú y tus amigos	25	_____
3-8. Los Roldán	27	_____
3-9. Tus actividades	27	_____
3-10. Los mejores amigos	28	_____
3-11. ¿A quién?	29	_____
3-12. ¿Cómo son?	29	_____
3-13. Las relaciones humanas	30	_____
3-14. ¿Ser o estar?	31	_____
3-15. Tu familia y tus amigos	31	_____
3-16. ¡A pronunciar!	32	_____
3-17. Pronunciación y enlace en contexto	32	_____

La familia

La nueva familia de María Luisa

CLAUDIO
PAZ,
60

ROSA
PAZ,
59

Mª LUISA
ROLDÁN,
23

DAMIÁN
ROLDÁN,
25

LOLA
ROLDÁN,
62

JOSÉ Mª
ROLDÁN,
70

TERESA
ROLDÁN,
35

CLARA,
4

PEDRO ROLDÁN,
37

LINO,
2

... y 17 años más tarde... la

TERESA, 52   PEDRO, 54

LINO, 19

NURIA, 60

CLARA, 21

3-1 La familia

You will hear statements and questions about the Roldán family. Express the relationship between the family members by answering the questions. Follow the numbers and listen for confirmation.

1–14

✎ 3-2 Preguntas para ti

Fátima, Mª Luisa's friend, has questions for you. Listen to what she says about the Roldán family, then answer her questions in complete sentences. You will hear each statement and question twice.

1. _____.

2. _____.

3. _____.

4. _____.

5. _____.

✎ 3-3 ¿Cuántos años tienen?

Indicate the age of these Roldán family members. Listen to the statements and mark the box. You will hear each statement twice.

1. Doña Lola Roldán tiene................................ ❑ 62 años ❑ 52 años
2. Don José Roldán tiene.................................. ❑ 80 años ❑ 70 años
3. Damián tiene.. ❑ 15 años ❑ 25 años
4. Nuria tiene.. ❑ 60 años ❑ 70 años
5. Doña Rosa Paz, la abuela, tiene.................... ❑ 76 años ❑ 96 años

¡MANOS A LA OBRA!

I. Indicating Possession: Possessive Adjectives

3-4 Relaciones de familia

You will hear questions addressed to Carmen, then to Carmen and her sister, Guadalupe. Answer the questions playing both roles, according to the models. Listen for confirmation and repeat the response.

MODELO
You hear: Carmen, ¿quién es Mª Luisa Roldán? (madre)
You say: **Es mi madre.**
Confirmation: Es mi madre.
You repeat: **Es mi madre.**

1. 2. 3. 4.

MODELO
You hear: Carmen y Guadalupe, ¿quién es Mª Luisa Roldán? (madre)
You say: **Es nuestra madre.**
Confirmation: Es nuestra madre.
You repeat: **Es nuestra madre.**

5. 6. 7. 8.

3-5 ¿Qué miembro de la familia es?

Identify the family members by answering the questions according to the cues. (Each response will contain the possessive adjectives **su** or **sus**.)

MODELO
You hear: Damián es el padre de Robertito. ¿Quién es su madre? (Mª Luisa)
You say: **Su madre es Mª Luisa.**
Confirmation: Su madre es Mª Luisa.
You repeat: **Su madre es Mª Luisa.**

1.   2.   3.   4.   5.

✎ 3-6 ¿Y tu familia?

Answer the questions about your family in complete sentences. You will hear each question twice.

1. _____.

2. _____.

3. _____.

4. _____.

5. _____.

¡MANOS A LA OBRA!

2. Talking about the present: The present indicative of regular -ar verbs

3-7 Tú y tus amigos

Listen to the description of what Rafa does. Then, answer the questions to indicate whether the same is true for you. You will hear each statement twice.

MODELO
You hear: Rafa trabaja. Y tú, ¿trabajas durante la semana?
You say and write: _**Sí, trabajo (o) No, no trabajo**_ durante la semana.

1. _____ español.

2. _____ inglés.

3. _____ en casa.

4. _____ pronto a clase.

5. _____ a casa a medianoche.

Now listen to the description of what Rafa and his friends do. Then, answer the questions to indicate whether the same is true for you and your friends. You will hear each statement twice.

MODELO
You hear: Rafa y sus amigos van al cine. Y Uds., ¿van al cine?
You say and write: **Sí, *vamos* al cine (o) No, no *vamos* al cine.**

6. _____ con la familia.

7. _____ la computadora.

8. _____ DVD.

9. _____ a discotecas.

10. _____ por el celular.

✎ **3-8 Los Roldán**

You will hear snatches of conversations between members of the Roldán family. After you hear each conversation a second time, fill in the missing text.

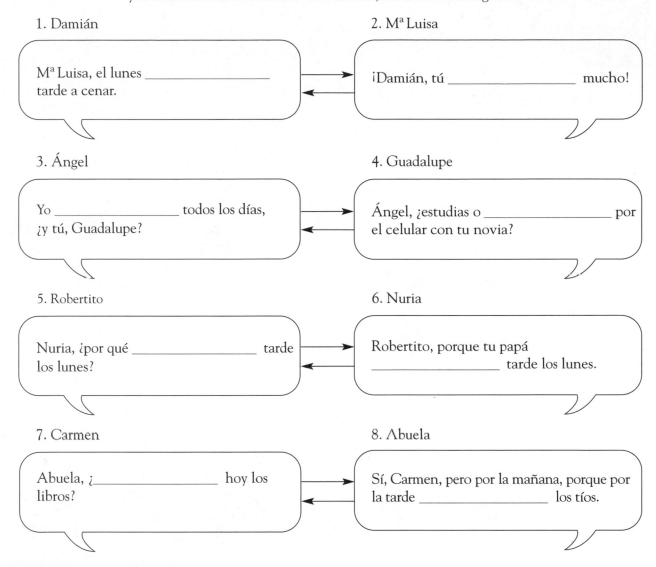

1. Damián

Mª Luisa, el lunes _____ tarde a cenar.

2. Mª Luisa

¡Damián, tú _____ mucho!

3. Ángel

Yo _____ todos los días, ¿y tú, Guadalupe?

4. Guadalupe

Ángel, ¿estudias o _____ por el celular con tu novia?

5. Robertito

Nuria, ¿por qué _____ tarde los lunes?

6. Nuria

Robertito, porque tu papá _____ tarde los lunes.

7. Carmen

Abuela, ¿_____ hoy los libros?

8. Abuela

Sí, Carmen, pero por la mañana, porque por la tarde _____ los tíos.

✎ **3-9 Tus actividades**

Answer each question in complete sentences. You will hear each question twice.

1. _____.

2. _____.

3. _____.

4. _____.

5. _____.

Escena 2

Los mejores amigos

3-10 Los mejores amigos

Look at the scenes and, following the numbers, indicate what is happening in each.
Answer the questions in complete sentences, then listen for confirmation.

1–14

Álvaro y Damián

Fátima, Mª Luisa y Robertito

Dolores y Ángel

Julia, Elena, Guadalupe y Mª Luisa

Nuria y Anita

Don Gonzalo, Carmen

3-11 ¿A quién?

You will hear a series of questions. Answer each one according to the cue. Listen for confirmation and repeat the response.

MODELO
You hear: ¿A quién ayuda Damián? (Álvaro)
You say: **Ayuda a Álvaro.**
Confirmation: Ayuda a Álvaro.
You repeat: **Ayuda a Álvaro.**

1. 2. 3. 4. 5. 6.

¡MANOS A LA OBRA!

3. Describing people and things: *Ser* + descriptive adjectives

3-12 ¿Cómo son?

Look at the drawings and describe the best friends by answering the questions. Listen for confirmation.

1. Álvaro

2. Fátima

3. Dolores

4. Julia y Elena

5. Nuria

6. Don Gonzalo, Carmen, Pachá y Calisto

Las relaciones humanas

3-13 Las relaciones humanas

You will hear questions relating to friendship and love. Answer each question, following the numbers. Listen for confirmation.

1. 2. 3. 4. 5. 6. 7. 8.

¡MANOS A LA OBRA!

IV. Describing people, places, and things: A summary of *ser* and *estar*

✎ 3-14 ¿Ser o estar?

You will hear a series of statements. In each one, instead of a verb you will hear a beep. When you hear the beep, complete the statement by marking the appropriate verb.

MODELO
You hear: Hoy [*beep*] el 4 de julio.
You mark: ❏ está ☒ es

1. ❏ están   ❏ son
2. ❏ estoy   ❏ soy
3. ❏ está   ❏ es
4. ❏ es   ❏ está
5. ❏ está   ❏ es
6. ❏ Es   ❏ Está
7. ❏ está   ❏ es
8. ❏ está   ❏ es
9. ❏ es   ❏ está
10. ❏ es   ❏ está

✎ 3-15 Tu familia y tus amigos

Answer each question in complete sentences. You will hear each question twice.

1. _____ .

2. _____ .

3. _____ .

4. _____ .

5. _____ .

PRONUNCIACIÓN

3-16 ¡A pronunciar!

Listen to the following sentences and repeat each one, concentrating on the diphthongs (the combination of two vowels) in bold. Listen for confirmation.

1. Mi abuelo es viejo, pero muy fuerte.

2. Hay estudiantes nuevos en la escuela primaria.

3. Luego cuidamos a los nietos.

4. Mi suegra es viuda.

5. Su novio es serio, guapo y bueno.

6. El griego es un idioma antiguo.

7. Hay seis cuadernos iguales.

3-17 Pronunciación y enlace en contexto

You will hear two friends talking on the telephone. First listen to the dialogue. Then repeat each friend's lines, making sure to link the sounds in the vowel-to-vowel and the vowel-to-consonant combinations. Be expressive!

Un día de suerte (A lucky day!)

1.

Julián: Hola, soy Julián, ¿está Fernando en casa?

Fernando: Sí, soy yo. Hola, Julián, ¿cómo estás? Yo estoy muy aburrido.

2.

Julián: Bueno, pues yo, genial. Estoy enamorado.

Fernando: ¡¿Sí?? ¿Y quién es la afortunada? Porque, ...tú eres un hombre inteligente, simpático, fuerte, divertido, no muy feo, cariñoso .....

3.

Julián: ¡Bien, bien, Julián! Mi novia es sensacional. Es una mujer fascinante y muy inteligente. Además, es atractiva. Y... tiene una hermana que es como ella. ¡¡Qué hermana!!

Fernando: ¡¿Sí?? ¡¡Hoy es mi día!! ¿Es morena o rubia, alta o baja?

Capítulo 4

El tiempo libre

Chapter overview

In order to do the Lab Manual exercises, there are two ways you can listen to the audio. (1) Use Lab Manual **CD 3.** For your convenience, write down the track numbers on this page. (2) If you do not have the Lab Manual CDs*, go to WileyPLUS, and click on "audio" to listen to the appropriate chapter. In this case, you won't need to write down the track number. Listen to the recording as many times as you need to in order to complete each exercise.

*The CDs in the textbook are not the CDs for the Lab Manual.

Ejercicio	Page number	Track
4-1. ¿Qué hacen?	34	————
4-2. ¿Qué les gusta?	36	————
4-3. ¿Y a ellos?	36	————
4-4. ¿Qué lugares te gustan?	37	————
4-5. Actividades al aire libre	37	————
4-6. Pero nosotros...	38	————
4-7. Preguntas para ti	38	————
4-8. Actividades y pasatiempos favoritos	39	————
4-9. ¿Qué hace Juan?	40	————
4-10. Los fines de semana	40	————
4-11. Lo típico de cada estación	41	————
4-12. ¿Qué sabes?	42	————
4-13. ¿Qué van a hacer?	42	————
4-14. Tus planes	42	————
4-15. ¡A pronunciar!	43	————
4-16. ¡La acentuación!	43	————
4-17. Pronunciación y enlace en contexto	43	————

Actividades al aire libre

4-1 ¿Qué hacen?

You will hear a series of questions about the scenes. Following the numbers, indicate what is happening in each. Answer briefly, then listen for confirmation.

1–20.

¡MANOS A LA OBRA!

I. Expressing likes and dislikes: The verb *gustar*

✎ 4-2 ¿Qué les gusta?

You will hear Teresa and Olivia describe where they and their families like to go and what they like to do there. After you hear the descriptions a second time, mark the correct response to complete each statement.

Teresa speaking:

1. A Teresa y a su familia les gustan... ☐ las montañas ☐ la playa
2. En invierno, a sus hermanos les gusta... ☐ descansar ☐ esquiar
3. En verano, a los padres de Teresa les gusta... ☐ pescar en el río ☐ montar a caballo

Olivia speaking:

4. A Olivia... ☐ le gusta la playa ☐ no le gusta la playa
5. A los hijos de Olivia les gusta... ☐ nadar y bucear ☐ caminar
6. Al esposo de Olivia le gusta... ☐ escribir ☐ pintar
7. A Olivia le gusta... ☐ leer ☐ tomar el sol
8. A toda la familia de Olivia le encanta... ☐ comer ☐ correr por la arena

4-3 ¿Y a ellos?

Say what the people in the illustrations like to do, according to the model. Follow the numbers you hear. In each instance, listen for confirmation.

1.

MODELO
You hear: 1.
You say: **Le gusta tomar el sol.**
Confirmation: Le gusta tomar el sol.

2.

3.

4.

5.

6.

7.

4-4 ¿Qué lugares te gustan?

You will hear some places where people like to spend their vacations. Say if you like the following places for vacation or not. Follow the model and listen for confirmation.

MODELO
You hear: Me gusta la playa. ¿Y a ti?
You say: **Sí, a mí me gusta la playa. (o) No, a mí no me gusta la playa.**
Confirmation: Sí, a mí me gusta la playa. (o) No, a mí no me gusta la playa.
1.   2.   3.   4.   5.

¡MANOS A LA OBRA!

2. Talking about the present: regular -er and -ir verbs

4-5 Actividades al aire libre

What are the people doing? In each instance, look at the illustration and answer the question following the model. Listen for confirmation.

MODELO
You hear: ¿Qué hace la niña en la playa?
You say: **Come.**
Confirmation: Come.

1.

2.

3.

4.

5.

4-6 Pero nosotros...

Listen to the statements that Fabio makes about what he normally does. Then, you will say whether you and your friends do the same things or no. Follow the model and listen for confirmation.

MODELO

You hear: Yo como en la cafetería de la universidad, ¿y ustedes?

You say: **Sí, comemos en la cafetería de la universidad. (o) No, no comemos en la cafetería de la universidad.**

Confirmation: Sí, comemos en la cafetería de la universidad. (o) No, no comemos en la cafetería de la universidad.

1.   2.   3.   4.   5.

✎ 4-7 Preguntas para ti

Answer the questions about yourself in complete sentences. You will hear each question twice.

1. _____.

2. _____.

3. _____.

4. _____.

5. _____.

6. _____.

Escena 2

Diversiones con la familia y amigos

4-8 Actividades y pasatiempos favoritos

You will hear a series of questions about the Roldán family and their friends. Look at the illustrations and, following the numbers, indicate what the people are doing. Answer briefly, then listen for confirmation.

1–13.

Guadalupe, Carmen y Pachá

Dolores Toledo, Ángel y sus amigos

Ángel y Guadalupe

Don Claudio y Doña Rosa con los nietos

Lino, su equipo de fútbol, y su familia

Fátima y Mª Luisa

Álvaro y su novia

Carmen Roldán

Los Roldán

¡MANOS A LA OBRA!

3. Talking about activities in the present: Verbs with an irregular *yo* form

4-9 ¿Qué hace Juan?

Juan is not doing well in his studies and one of his professors complains about his performance. Listen to what the professor has to say and check "Sí" or "No" to indicate what Juan does or doesn't do.

	Sí	No	
1.	☐	☐	*Venir* a clase a tiempo
2.	☐	☐	*Salir* de clase cinco minutos antes
3.	☐	☐	*Traer* los libros a clase
4.	☐	☐	*Hacer* siempre la tarea
5.	☐	☐	*Poner* la música del iPod a todo volumen
6.	☐	☐	*Oír* música cuando estudia
7.	☐	☐	*Ver* poco la televisión
8.	☐	☐	*Ir* a muchas fiestas

Now looking at the previous list, answer the following questions to see how much you have in common with Juan.

MODELO

You hear: ¿Sales de clase cinco minutos antes?

You say and write: Sí, salgo de clase cinco minutos antes. (o) No, no salgo de clase cinco minutos antes.

1. _____.

2. _____.

3. _____.

4. _____.

5. _____.

6. _____.

7. _____.

4-10 Los fines de semana

It is the weekend and the Roldán family and their friends do various things. Say if you do these things on the weekend or not. Follow the model and listen for confirmation.

MODELO

You hear: Carmen escucha música. ¿Escuchas música los fines de semana?

You say: **Sí, escucho música. (o) No, no escucho música.**

Confirmation: Sí, escucho música. (o) No, no escucho música.

1. 2. 3. 4. 5. 6.

Escena 3

El clima y las estaciones

4-11 Lo típico de cada estación

You will hear a series of questions about the weather and the seasons. Look at the illustrations and, following the numbers, answer each question in a complete sentence. Listen for confirmation.

1–11.

¡MANOS A LA OBRA!

4. Knowing facts, skills, people, and places: *Saber* and *conocer*

4-12   ¿Qué sabes?

Say what you know by answering the questions in complete sentences. Listen for confirmation.

MODELO

You hear: ¿Sabes el alfabeto español?
You say: **Sí, sé el alfabeto español.** (o) **No, no sé el alfabeto español.**
Confirmation: Sí, sé el alfabeto español. (o) No, no sé el alfabeto español.

1.   2.   3.   4.   5.   6.

¡MANOS A LA OBRA!

5. Talking about the future: *Ir + a + infinitive*

4-13   ¿Qué van a hacer?

People do different things according to the season. Say what they are going to do, using the cues. Listen to the model and, in each instance, listen for confirmation.

MODELO

You hear: Es invierno; nieva. Nosotros... (esquiar)
You say: **Vamos a esquiar.**
Confirmation: Vamos a esquiar.

1.   2.   3.   4.   5.   6.

✎ 4-14   Tus planes

Answer each question in complete sentences. You will hear each question twice.

1. _____

2. _____

3. _____

4. _____

5. _____

PRONUNCIACIÓN

Stress and written accent in Spanish

4-15 ¡A pronunciar!

Listen to each explanation, then repeat the words you hear.

a. Words that end in a **vowel**, in **n**, or in **s** are stressed on the next-to-the-last syllable.

is-la   **pla**-ya   en-**can**-ta   a-**pren**-de   **bar**-co   **gus**-tan   **gran**-jas   pe-**lo**-tas

b. Words that do **not** end in a **vowel**, **n** or **s**, are stressed on the last syllable.

des-can-**sar**   es-cri-**bir**   co-**rrer**   ca-**lor**   ciu-**dad**   re-**loj**   po-pu-**lar**

c. Words that are exceptions to the two previous rules, carry a written accent to indicate where the stress falls.

ca-**fé**   **pá**-ja-ro   **vó**-li-bol   te-le-vi-**sión**   di-**fí**-cil   **fút**-bol   o-**lím**-pi-co

4-16 ¡La acentuación!

Read the following words. Concentrate on stressing the right syllable. Then listen for confirmation and repeat.

1. co-lor
2. te-le-vi-sión
3. mú-si-ca

4. es-cri-bir
5. jue-gan
6. co-mer-cial

7. via-jar
8. ge-ne-ral
9. o-lím-pi-co

10. te-lé-fo-no
11. di-ver-sio-nes
12. co-rrer

4-17 Pronunciación y enlace en contexto

Listen to Miguel give advice to his friend Pepe. Then repeat what each one says, paying attention to linking the vowel-to-vowel and the vowel-to-consonant combinations. Be expressive!

Consejos (Advice) de amigos

1.
Pepe: Como y bebo demasiado y estoy muy gordo.
Miguel: Bueno, ... debes comer menos y hacer más ejercicio.

2.
Pepe: Leo todos los libros y escribo la tarea, pero no aprendo nada.
Miguel: Creo que... debes hablar con tus profesores.

3.
Pepe: No estoy contento con mi imagen, no tengo novia, mis padres no comparten mis ideas... ¡Esto no es vivir!

Miguel: ¿Sabes amigo? Creo que necesitas unas largas vacaciones.

Capítulo 5

La comida

Chapter overview

In order to do the Lab Manual exercises, there are two ways you can listen to the audio. (1) Use Lab Manual **CD 4.** For your convenience, write down the track numbers on this page. (2) If you do not have the Lab Manual CDs*, go to WileyPLUS, and click on "audio" to listen to the appropriate chapter. In this case, you won't need to write down the track number. Listen to the recording as many times as you need to in order to complete each exercise.

*The CDs in the textbook are not the CDs for the Lab Manual.

Ejercicio	Page number	Track
5-1. Ofertas en el Mercado Central	47	———
5-2. Las compras	48	———
5-3. ¿Qué venden?	48	———
5-4. Preguntas esenciales para la comunicación	50	———
5-5. ¿Qué comes tú?	50	———
5-6. Vamos al restaurante	51	———
5-7. ¿Qué hacen, quieren o prefieren?	52	———
5-8. Y tu, ¿qué prefieres?	53	———
5-9. Tus preferencias	53	———
5-10. Una fiesta de cumpleaños	54	———
5-11. ¿Qué están haciendo?	55	———
5-12. En diferentes lugares	55	———
5-13. ¡A pronunciar!	56	———
5-14. Pronunciación y enlace en contexto	56	———

Escena 1

En el mercado

5-1 Ofertas en el Mercado Central

¿Quieres saber qué productos tienen ofertas especiales hoy? Escucha y repite la palabra que oyes. Después, escribe el número de la palabra en el círculo al lado de la comida correspondiente.

MODELO
Oyes: el maíz
Repites: **el maíz**
Escribes: 1. (en el círculo que está encima del maíz)

1-23

Nombre _____ Fecha _____

✎ 5-2 Las compras

Escucha el total de las compras en los siguientes lugares (*places*). Se lee dos veces. Luego, escribe cada cantidad (*quantity*) en donde corresponde.

Supermercado Las Cruces

_____ pesos

Pescadería Maya

_____ pesos

Quesería La Mancha

_____ euros

Frutería Miami

_____ dólares

Panadería Las Delicias

_____ soles

Marisquería Las Olas

_____ pesos

¡MANOS A LA OBRA!

I. Referring to people, places, and things: Direct object pronouns

5-3 ¿Qué venden?

Observa los dibujos (*drawings*) y responde según (*according to*) el modelo. Escucha la confirmación.

MODELO

Oyes: ¿Vende naranjas la señora?
Dices: **Sí, las vende.**
Confirmación: Sí, las vende.

LM-48   ¡Con brío! Manual de Laboratorio

1.

2.

3.

MODELO

Oyes: ¿Vende carne el señor?

Dices: **No, no la vende; vende maíz.**

Confirmación: No, no la vende; vende maíz.

4.

5.

6.

5-4 Preguntas esenciales para la comunicación

Muchas veces, para saber si la comunicación funciona tenemos que hacer preguntas. Escucha la pregunta, luego escribe la letra que identifica esa pregunta al lado de la situación con la que se relaciona.

MODELO

Oyes: f. ¿Me admiras?
Escribes: (la letra *f* en el espacio en blanco)
      Quieres saber si la otra persona tiene admiración por ti. _f_
Dices: **Sí, te admiro** (o) **No, no te admiro.**

Situaciones:

1. Quieres recibir un *e-mail* de la otra persona. ____

2. Quieres hacer la tarea, pero no puedes contestar todas las preguntas. ____

3. Quieres saber si la otra persona escucha lo que dices. ____

4. Quieres saber si eres importante para la otra persona. ____

5. Quieres saber si la otra persona comprende un problema que tienes. ____

Y cuando tu mejor amigo/a te pregunta lo siguiente, ¿qué le respondes? Escucha la confirmación.

MODELO

Oyes: ¿Me escuchas?
Dices: **Sí, te escucho. (o) No, no te escucho.**

1. 2. 3. 4.

✎ 5-5 ¿Qué comes tú?

Contesta las preguntas con oraciones completas. Utiliza pronombres de complemento directo.

1. _____

2. _____

3. _____

4. _____

5. _____

Escena **2**

En el restaurante

5-6 Vamos al restaurante

Repite cada palabra siguiendo los números.

1–20

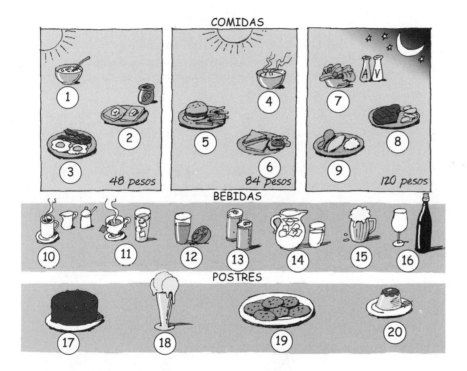

Ahora, contesta cada pregunta brevemente y escucha la respuesta correcta.

En el restaurante

21–25

¡MANOS A LA OBRA!

2. Talking about actions, desires and preferences in the present: Stem-changing verbs

5-7 ¿Qué hacen, quieren o prefieren?

Observa las ilustraciones y responde a las preguntas para indicar lo que hacen las siguientes personas.

MODELO

Oyes: ¿Qué almuerza la joven?
Dices: **Almuerza una hamburguesa.**
Oyes: Almuerza una hamburguesa.
Escribes: Almuerza una hamburguesa.

La joven ⟶ la hamburguesa

La vendedora de flores ⟶ el dinero

La niña ⟶ el maíz

El pollo, por favor,

El señor ⟶ el pollo

La mesera ⟶ los helados

Robertito ⟶ la pelota

El niño ⟶ la siesta

✎ 5-8 Y tú, ¿qué prefieres?

Cuando esperas para entrar en un restaurante hay otras personas que esperan también. Escucha sus preguntas y responde indicando tus preferencias. Finalmente, escucha la confirmación.

MODELO

Oyes: Mi esposa y yo queremos comer pescado, ¿y tú?
Dices: **Yo también quiero comer pescado. (o) No, no quiero comer pescado.**
Confirmación: Yo también quiero comer pescado. (o) Yo no quiero comer pescado.

1. 2. 3. 4. 5.

✎ 5-9 Tus preferencias

Contesta las preguntas con oraciones completas.

1. _____

2. _____

3. _____

4. _____

5. _____

6. _____

Preparativos para una fiesta

5-10 Una fiesta de cumpleaños

Contesta brevemente las preguntas siguiendo los números. Escucha la confirmación.

1–14

¡MANOS A LA OBRA!

3. Saying that an action is in progress: The present progressive

5-11 ¿Qué están haciendo?

Di lo que están haciendo las personas en este momento. Sigue el modelo. Escucha la confirmación.

MODELO
Oyes: Las chicas decoran el pastel.
Dices: **Lo están decorando. (o) Están decorándolo.**
Confirmación: Lo están decorando (o) Están decorándolo.

1.
preparar

2.
beber

3.
comer

4.
comprar

5.
leer

6.
servir

7.
¡Buen provecho!
decir

✎ 5-12 En diferentes lugares

Estás en diferentes lugares. Alguien (*someone*) te pregunta ¿Qué estás haciendo? Contesta las preguntas con el presente progresivo.

1. _____

2. _____

3. _____

4. _____

5. _____

6. _____

PRONUNCIACIÓN

5-13   ¡A pronunciar!

Primero, escucha la explicación. Luego, repite las palabras para practicar la pronunciación.

1. The consonants **b** and **v** are pronounced like the English *b*, but stronger at the beginning of a word or sentence and after *m* or *n*. They are softer in other positions.

banana **v**ende **v**erdura **v**aso **v**egetariano también invitar uvas cebolla

pro**b**ar huevo arveja servilleta ama**b**le

2. In Spanish America the consonant **c** before *e* and *i* has the English *s* sound. The same sound occurs in the combinations of the consonant **z**, like **za, zo, zu** and when the **z** is at the end of a syllable or word. In most regions of Spain it is pronunced with a *th* sound like in *thanks*. The **ch** combination is pronounced like the English *chief*.

cereza **c**ebolla carnicería **c**ereal **c**enar **c**ien co**c**inar to**c**ino **c**erveza

manzana zanahoria durazno maíz arroz azúcar taza almuerzo

cu**ch**ara co**ch**e cu**ch**illo **ch**ocolate

3. The consonant **d** is pronounced like the English *d*, but stronger at the beginning of a word or sentence and after *n* or *l*. It is softer in other positions-like the *th* in *though*.

durazno **d**ar **d**esayunar **d**inero ven**d**edor sol**d**ado merien**d**a tene**d**or

merca**d**o pes**c**ado limonada

5-14 Pronunciación y enlace en contexto

Primero, escucha el diálogo completo. Luego, escucha y repite cada parte del diálogo que se lea. Presta atención a la entonación y al enlace de las palabras. ¡Sé expresivo/a!

Algunos no se rinden fácilmente (*Some don't give up easily*).

1.
Don José: ¿Quiere almorzar hoy conmigo, doña Francisca?

Doña Francisca: Lo siento, don José, no puedo. Almuerzo siempre en casa porque después, duermo la siesta.

2.
Don José: Entiendo, entonces, … ¿puede cenar usted conmigo?

Doña Francisca: Pienso que no, don José. Por la noche estoy muy cansada y me gusta cenar mirando la televisión en compañía de mi gato.

3.
Don José: Bueno, ¿qué le parece si preparo un arroz con pollo y compartimos cena, televisión y gato en su casa?

Doña Francisca: Bien, hombre, bien. Al final, siempre hacemos lo que usted quiere.

Capítulo

6 En casa

Chapter overview

In order to do the Lab Manual exercises, there are two ways you can listen to the audio. (1) Use Lab Manual **CD 4.** For your convenience, write down the track numbers on this page. (2) If you do not have the Lab Manual CDs*, go to WileyPLUS, and click on "audio" to listen to the appropriate chapter. In this case, you won't need to write down the track number. Listen to the recording as many times as you need to in order to complete each exercise.

*The CDs in the textbook are not the CDs for the Lab Manual.

Escena 1

Cuartos, muebles y otras cosas

6-1 Por la casa

Al pasar por las distintas partes de la casa vas a oír oraciones incompletas. Sigue los números y complétalas indicando lo que observes. Escucha la confirmación.

Subimos al segundo piso

En el dormitorio
1–3

En el cuarto de baño
4–6

Bajamos al primer piso

En la sala
7–10

En la cocina
11–14

Salimos afuera
15

Ahora vas a oír unas preguntas acerca de lo que están haciendo los Roldán. Sigue los números y contesta con oraciones completas.

16–21

6-2 ¿Hay alguien o hay algo?

Vas a oír unas preguntas acerca de la escena de la casa (págs. 56–57). Contéstalas según lo que observes. Sigue el modelo y escucha la confirmación.

MODELO
Oyes: ¿Hay algo en la cómoda?
Dices: **Sí, hay algo.** (En caso negativo) **No, no hay nada.**
Confirmación: Sí, hay algo.

1. 2. 3. 4. 5.

MODELO
Oyes: ¿Hay alguien en el dormitorio?
Dices: **Sí, hay alguien.** (En caso negativo) **No, no hay nadie.**
Confirmación: Sí, hay alguien.

6. 7. 8. 9. 10.

¡MANOS A LA OBRA!

I. Expressing relationships in space and time:
More about prepositions

6-3 ¿Dónde están?

Observa la escena de los gatos y según el número que oyes, di dónde está cada uno. Sigue el modelo.

MODELO
Oyes: 1.
Dices: **Está encima del sofá.**
Confirmación: Está encima del sofá.

✎ 6-4 Escribe acerca de Pablo

Escucha lo que dice Pablo. Vas a oírlo dos veces. La segunda vez (*second time*), completa los espacios en blanco con la preposición que oyes.

Vivo en un apartamento _____ _____ la universidad, pero

mi familia vive muy _____ _____ aquí.

_____ la semana estudio, y _____ _____

las clases, trabajo. Todos los días, me gusta ir al gimnasio _____

hacer ejercicio. _____ entrar, siempre hablo con la recepcionista; es

mi novia. Los domingos, _____ _____

_____ ir al gimnasio, vamos los dos al cine. No puedo vivir

_____ ella, y ella no puede vivir _____ mí.

¡MANOS A LA OBRA!

2. Pointing out things and persons: Demonstrative adjectives and pronouns

6-5 ¿Cuál prefieren?

Escucha lo que dicen los clientes de una tienda de muebles. Luego, marca con una equis (X) el mueble o la cosa a la que se refieren. Escucha la confirmación.

♦ ____ indica la distancia entre el cliente o clientes y los muebles u objetos.

MODELO
Oyes: Me gusta mucho esta cómoda.

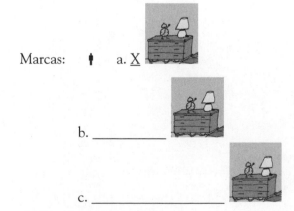

Marcas: ♦   a. <u>X</u>

b. _____

c. _____

Confirmación: Marcas a.

1. 👤 a.

   b. _____

   c. _____

2. 👤 a.

   b. _____

   c. _____

3. 👤 a.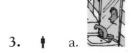

   b. _____

   c. _____

4. 👤 a.

   b. _____

   c. _____

5. ♀ a.

    b. _____

    c. _____

6. ♂ a.

    b. _____

    c. _____

6-6 Tu opción favorita

Has ganado un gran premio en HOGAR, una tienda de muebles y cosas para la casa. En este momento, un empleado de la tienda lleva las cosas a tu casa o apartamento y te pide que escojas entre las opciones que hay. Primero, marca tu elección. Luego, escucha y contesta las preguntas del empleado. Unas cosas están más cerca de ti y otras más lejos.

1. un sillón de cuero	❑	un sillón de poliéster	❑	
2. una alfombra grande	❑	una alfombra pequeña	❑	
3. un estante de metal	❑	un estante de madera	❑	
4. una mesa circular	❑	una mesa rectangular	❑	
5. unas lámparas altas	❑	unas lámparas bajas	❑	
6. unos cuadros modernos	❑	unos cuadros clásicos	❑	

MODELO

Oyes: ¿Prefiere ese sofá verde o aquél rojo?

Dices: **Prefiero éste verde. (o) Prefiero aquél rojo.**

Confirmación: Prefiero éste verde. (o) Prefiero aquél rojo.

1. 2. 3. 4. 5. 6.

Escena 2

La vida diaria

6-7   Un día con Lola

Vas a oír unas preguntas acerca de Lola. Contéstalas según las escenas. Sigue el modelo y escucha la confirmación.

MODELO
Oyes: ¿Se levanta o se despierta?
Dices: **Se despierta.**
Confirmación: Se despierta.

1–15

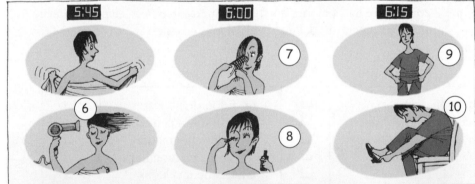

¡Con brío!   **Manual de Laboratorio**

¡MANOS A LA OBRA!

3. Talking about daily routines: Reflexive verbs

6-8 ¿Qué van a hacer?

Vas a oír lo que necesitan tres personas. Según la información que oyes, di lo que van a hacer. Sigue el modelo y escucha la confirmación.

MODELO
Oyes: Luis necesita el champú.
Dices: **Va a lavarse el pelo. (o) Se va a lavar el pelo.**
Confirmación: Va a lavarse el pelo. (o) Se va a lavar el pelo.

1.   2.   3.

6-9 ¿Qué hacen en este momento?

Vas a oír lo que tienen en la mano cinco personas. Según la información que oyes, di lo que hacen. Sigue el modelo y escucha la confirmación.

MODELO
Oyes: Olivia tiene un despertador.
Dices: **Se despierta.**
Confirmación: Se despierta.

1. 2. 3. 4. 5.

6-10 Tu rutina diaria

Contesta las preguntas sobre tu rutina diaria. Escribe oraciones completas.

1. _____

2. _____

3. _____

4. _____

5. _____

Nombre _____ Fecha _____

Los quehaceres domésticos

6-11   Las tareas de la casa

Observa las escenas de los Roldán. Escucha las preguntas y contéstalas con oraciones completas siguiendo los números.

En el dormitorio

1.

Damián y Mª Luisa

En la sala

2.

Guadalupe, Carmen y Ángel

En el comedor

3.

Doña Rosa y don Claudio

En la cocina

4.

Damián Carmen y Nuria

En el lavadero

5.

Nuria y Mª Luisa

En la entrada

6.

Nuria y Mª Luisa

En el garaje

7.

Carmen y Guadalupe

En el jardín

8.

Doña Rosa y Ángel

¡MANOS A LA OBRA!

4. and 5. Giving orders and advice: Informal commands
(tú affirmative and negative)

6-12 Humberto tiene poca iniciativa

Escucha lo que sigue y dile a Humberto lo que tiene que hacer. Sigue el modelo y escucha la confirmación.

MODELO
Oyes: el cuarto
Dices: **Ordena el cuarto.**
Confirmación: Ordena el cuarto.

1.   2.   3.   4.   5.   6.   7.

6-13 Humberto no es razonable

Escucha lo que sigue y dile a Humberto lo que debe hacer. Sigue el modelo y escucha la confirmación.

MODELO
Oyes: ...*dormir* hasta el mediodía
Dices: **No duermas hasta el mediodía.**
Confirmación: No duermas hasta el mediodía.
Repites: **No duermas hasta el mediodía.**

1.   2.   3.   4.   5.   6.   7.

PRONUNCIACIÓN

6-14 ¡A pronunciar!

Escucha la explicación. Luego, repite las palabras para practicar con la pronunciación de cada letra.

1. The consonant **g** in combination with *a, o, u* is pronounced like the *g* in *go*. Before an *e* or *i*, it is pronounced like *help* or *hit*. In the combination **gue** and **gui** the *u* is silent and the *g* is pronounced like the *g* in *game*. When there is a diaeresis on top (**ü**), the *u* is pronounced.

   gorra **gu**ardar apa**g**ar fre**g**adero refri**g**erador **gi**gante rie**gu**es bilin**gü**e

   pin**gü**ino

2. The consonant **j** is pronounced like the *h* in *help*.

   jabón **j**ardín ba**j**ar gara**j**e espe**j**o le**j**os

3. The consonant **h** is always silent.

   haz que**h**aceres **h**ermano **h**ijo **h**ogar a**h**ora **h**uevo

4. The **ll** is pronounced by most Spanish speakers like the English *y* in *yes*. The letter **y** is pronounced in the same manner.

   llamar ca**ll**e si**ll**ón cepi**ll**arse maqui**ll**arse caba**ll**o

   yo pla**y**a a**y**udar ma**y**onesa

6-15 Pronunciación y enlace en contexto

Primero, escucha el siguiente diálogo entre un padre y su hijo adolescente. Luego, escucha y repite cada parte del diálogo prestando atención a la pronunciación, a la entonación y al enlace de las palabras.

Algunos nacieron para mandar (Some were born to rule)

1.
Padre: ¡Haz la cama‿y pon la mesa‿inmediatamente!

Padre: Y‿esta tarde, saca la basura, por favor.

2.
Padre: ¡Ven‿aquí! ¡Lava‿el carro, por favor!

Padre: Y después, riega las plantas.

3.
Padre: ¡Por favor, hijo, di‿algo!

Hijo: ¡Caramba, papá! ¡Cómo mandas[1]!

[1]*How you boss people around!*

Capítulo 7

La ciudad

Chapter overview

In order to do the Lab Manual exercises, there are two ways you can listen to the audio. (1) Use Lab Manual **CD 5.** For your convenience, write down the track numbers on this page. (2) If you do not have the Lab Manual CDs*, go to WileyPLUS, and click on "audio" to listen to the appropriate chapter. In this case, you won't need to write down the track number. Listen to the recording as many times as you need to in order to complete each exercise.

*The CDs in the textbook are not the CDs for the Lab Manual.

Ejercicio	Page number	Track
7-1. Una visita al centro	71	——
7-2. Órdenes del guía	72	——
7-3. Órdenes del policía	72	——
7-4. Alberto, ayer	72	——
7-5. La semana pasada, en el centro	73	——
7-6. ¿Qué hiciste?	73	——
7-7. La vida urbana	74	——
7-8. Dos vidas muy diferentes	75	——
7-9. La semana pasada, mis amigos y yo…	76	——
7-10. ¿Quién lo hizo?	76	——
7-11. La vida caótica de Lola	77	——
7-12. ¿Qué hicieron o qué les pasó?	78	——
7-13. ¡A pronunciar!	78	——
7-14. Pronunciación y enlace en contexto	79	——

En la ciudad

7-1 Una visita al centro

Escucha las preguntas siguiendo los números de la ilustración. Contéstalas brevemente y escucha la confirmación.

1–14

¡MANOS A LA OBRA!

1. Giving orders and instructions: Formal commands (*Ud.* and *Uds.*)

7-2 Órdenes del guía (*guide*)

Hoy trabajas de guía para turistas. Escucha y da el mandato que corresponde a cada situación. Se repite dos veces. Luego, escucha la confirmación.

MODELO

Oyes: En el Museo Botero
Marcas: Miren los cuadros. _1_
Dices: **Miren los cuadros.**
Confirmación: Miren los cuadros.

   a. Crucen la calle. ___
   b. Miren los cuadros. _1_
   c. Esperen el autobús. ____
   d. Compren las estampillas. ____
   e. Descansen un poco. ____
   f. Entren a visitarla. ____

7-3 Órdenes del policía

Eres policía en el centro de la ciudad y tienes que dar órdenes constantemente. Sigue el modelo. Escucha la confirmación y repite la respuesta.

MODELO

Oyes: Señor, por favor, ... (no cruzar)
Dices: **...no cruce**
Confirmación: ...no cruce
Repites: **...no cruce**

1. 2. 3. 4. 5.

¡MANOS A LA OBRA!

2. Talking about what happened: The preterit tense of regular
-ar verbs

✎ 7-4 Alberto, ayer

Escucha el relato de Alberto. Vas a oírlo dos veces. La segunda vez completa los espacios en blanco con el verbo.

Ayer _____ el día en el centro. _____ a las nueve de la mañana y _____ un café en la plaza. Luego, _____ el museo Botero, _____ un suéter en una tienda y unos zapatos en la zapatería Teresa. Al mediodía, _____ a mi amigo Pepe y _____ con él. Pepe _____ de su trabajo y de su novia y _____ la cuenta; yo _____ la propina. Por la tarde, los dos _____ mucho de una película fantástica en el cine Amenábar. Después del cine, su novia _____; Pepe _____ a su casa y yo _____ en autobús. ¡Me encanta ir al centro!

7-5 La semana pasada, en el centro

La semana pasada tus amigos fueron (*went*) al centro. ¿Qué crees que hicieron allí? Marca la casilla correspondiente para dar tu opinión. Luego, di si crees que lo hicieron o no. Sigue el modelo.

MODELO
Oyes: *entrar* a la oficina de correos
Marcas tu opinión: Sí ❑ No ❑
Dices: *Sí, entraron* a la oficina de correos. (o *No, no entraron* a la oficina de correos.

1. Sí ❑ No ❑........................el carro.
2. Sí ❑ No ❑.......... ....con el semáforo en rojo.
3. Sí ❑ No ❑......................un refresco.
4. Sí ❑ No ❑......................un partido de fútbol.
5. Sí ❑ No ❑......................un museo.
6. Sí ❑ No ❑......................ropa.
7. Sí ❑ No ❑..................... el sol.

✎ 7-6 ¿Qué hiciste?

Contesta las preguntas en el pretérito. Escribe oraciones completas.

1. _____.

2. _____.

3. _____.

4. _____.

5. _____.

2 La vida urbana

7-7 La vida urbana

Escucha las preguntas siguiendo los números de la ilustración. Contéstalas con oraciones completas y escucha la confirmación.

¡MANOS A LA OBRA!
3. Talking about what happened: The preterit tense of regular -er and -ir verbs

7-8 Dos vidas muy diferentes

Escucha con atención para saber lo que hicieron ayer Carlos y Javier. La primera vez, escucha solamente y no escribas nada. La segunda vez, escucha y marca con una **X** quién lo hizo. Luego, en la columna bajo **Yo** contesta la pregunta. Sigue el modelo.

MODELO
Oyes: 1. Ayer, leyó el periódico.
Marcas: <u>X</u> bajo Carlos
Oyes: Y tú, ¿leíste el periódico?
Escribes bajo yo: *Leí (o) No leí* el periódico ayer.

	Carlos	Javier	Yo
Modelo	X		*Leí (o) No leí* el periódico ayer.
1.			_____ el autobús ayer.
2.			_____ en Facebook ayer.
3.			_____ una botella de agua ayer.
4.			_____ unos *e-mails* ayer.
5.			_____ por el parque ayer.
6.			_____ tarde de casa ayer.
7.			_____ unas cartas y unos paquetes ayer.
8.			_____ un sándwich ayer.
9.			_____ a casa a medianoche ayer.
10.			_____ a un concierto ayer.

7-9   La semana pasada, mis amigos y yo…

Escucha las preguntas y contesta para decir si tú y tus amigos hicieron lo siguiente la semana pasada. Cada pregunta se hace dos veces. Escucha la confirmación.

MODELO

Oyes: ¿Corrieron Uds. por el parque?
Dices: **Sí, corrimos por el parque. (o) No, no corrimos por el parque.**
Confirmación: Sí, corrimos por el parque. (o) No, no corrimos por el parque.

1.   2.   3.   4.   5.   6.

¡MANOS A LA OBRA!

4. The preterit of four irregular verbs: *dar*, *ser*, *ir*, and *hacer*

✎ 7-10   ¿Quién lo hizo?

Escucha la conversación telefónica entre dos novios, Clara y Pelayo. Después, marca el nombre de la persona o personas que hicieron cada acción. Vas a oírlo dos veces.

1. Por la mañana no hice mucho.	❏ Pelayo	❏ Clara	❏ Los López
2. Bailé salsa hasta las dos.	❏ Pelayo	❏ Clara	❏ Los López
3. Me levanté temprano.	❏ Pelayo	❏ Clara	❏ Los López
4. Luego fui al banco, saqué dinero.	❏ Pelayo	❏ Clara	❏ Los López
5. Dieron una fiesta fantástica.	❏ Pelayo	❏ Clara	❏ Los López
6. En la plaza perdí mi gorra de béisbol.	❏ Pelayo	❏ Clara	❏ Los López
7. Allí, vi a mis vecinos.	❏ Pelayo	❏ Clara	❏ Los López
8. Allí me corté y me teñí el pelo.	❏ Pelayo	❏ Clara	❏ Los López
9. Me invitaron a su casa.	❏ Pelayo	❏ Clara	❏ Los López
10. Fui al teatro.	❏ Pelayo	❏ Clara	❏ Los López
11. Dormí hasta muy tarde.	❏ Pelayo	❏ Clara	❏ Los López
12. Leí tus mensajes.	❏ Pelayo	❏ Clara	❏ Los López

En la carretera

7-11 La vida caótica de Lola

Escucha las preguntas siguiendo los números de la ilustración. Contéstalas brevemente y escucha la confirmación.

¡MANOS A LA OBRA!

5. To whom? For whom?: Indirect object pronouns

7-12 ¿Qué hicieron o qué les pasó?

¿Qué hicieron o qué les pasó?
Escucha lo que hicieron o lo que les pasó a las siguientes personas y completa la información que falta. Se repite dos veces.

En la calle…
1.
A Roberto un policía _____dio una _____.
   A Marta y a Isabel _____ pidieron la _____.

En el taller mecánico…
2.
A la señora López_____repararon los _____.
   A los señores Pérez_____cambiaron una _____.

En la peluquería…
3.
A Magdalena_____cortaron el _____.
   A Sofía y a Ana_____ pintaron las _____.

Ahora, contesta las preguntas para saber si a ti te pasó lo mismo. Sigue el modelo.

MODELO

Oyes: Y a ti, ¿te dieron una multa recientemente?

Dices: **Sí, me dieron una multa. (o) No, no me dieron una multa.**

Confirmación: Sí, me dieron una multa. (o) No, no me dieron una multa.

1. 2. 3. 4. 5.

PRONUNCIACIÓN

7-13 ¡A pronunciar!

Escucha la explicación. Luego, repite las palabras para practicar con la pronunciación de cada letra.

1. The consonant **ñ** is pronounced like the English *ni* in *onion*.

   teñirse uñas señal mañana niño pequeño español España

2. When the combination of **q** and **u** is followed by e or i the u is silent

   quiosco pelu**qu**ería par**qu**e pa**qu**ete iz**qu**ierda tan**qu**e

3. A single consonant **r** at the beginning of a word or **rr** in the middle of a word are trilled. Otherwise, pronounce it as *tt* and *dd* in *bitter* and *ladder*. The pronunciation of words with the *tr* combination is particularly difficult for speakers of English. Pay special attention to it. With practice you will learn how to pronounce this sound.

rascacielos **r**evista co**rr**eos **r**estaurante manicu**r**a **r**evisar **r**uido

u**r**bano pa**r**en

tren cen**tr**o **tr**ansporte **tr**áfico encon**tr**ar en**tr**ada **tr**es **tr**einta

4. The letter **x** at the beginning of a word or before a consonant is pronounced like an *s* or *ks*. Between vowels it is pronounced like the English *ks* in *thinks*. In words like *Texas* or *México* the **x** has the **j** sound.

xilófono **x**enofobia e**x**traño e**x**celente e**x**perto e**x**amen é**x**ito

Te**x**as Mé**x**ico

7-14 Pronunciación y enlace en contexto

Primero, escucha el siguiente diálogo entre un padre y su hija de 25 años. Luego, escucha y repite cada parte del diálogo prestando atención a la pronunciación, a la entonación y al enlace de las palabras.

¡A disfrutar del presente!

1.
Padre: ¿Qué tal, hija, pasaste un buen día ayer en el trabajo?

Hija: ¡Excelente, papá! ¡Ayer me pagaron por primera vez!

2.
Padre: ¡Qué bien, hija! Cobraste tu primer cheque, ¿eh?

Hija: Sí, papá, y recibí bastante dinero.

3.
Padre: Hija, y abriste una cuenta y lo depositaste inmediatamente en el banco, ¿verdad?

Hija: ¡Qué cosas dices, papá! Me corté y me teñí el pelo, y lo celebré lo mejor posible.

8

De compras

Chapter overview

In order to do the Lab Manual exercises, there are two ways you can listen to the audio. (1) Use Lab Manual **CD 5.** For your convenience, write down the track numbers on this page. (2) If you do not have the Lab Manual CDs*, go to WileyPLUS, and click on "audio" to listen to the appropriate chapter. In this case, you won't need to write down the track number. Listen to the recording as many times as you need to in order to complete each exercise.

*The CDs in the textbook are not the CDs for the Lab Manual.

Ejercicio	Page number	Track
8-1. ¡Vamos de compras!	83	———
8-2. ¿Qué hicieron?	84	———
8-3. Carlota en el centro comercial	84	———
8-4. Las compras del mes	84	———
8-5. Ropa y otras cosas	85	———
8-6. ¡A comparar!	86	———
8-7. ¿Susi compró más o menos que Lulú?	86	———
8-8. Preguntas para ti	87	———
8-9. En la tienda Siglo XXI	88	———
8-10. ¿Haces bien tu trabajo?	89	———
8-11. ¿Eres generoso/a?	89	———
8-12. Pronunciación y enlace en contexto	90	———

Escena 1

En el centro comercial

8-1 ¡Vamos de compras!

Sigue los números
e identifica los objetos.
En la joyería Ruiz

1-4

En la zapatería Fernández

5-6

En la tienda de artículos
de cuero Lara

7-11

En la tienda de ropa para
jóvenes

12-16

Ahora, sigue los números
y contesta omitiendo el
sujeto. Escucha la
confirmación.
En los probadores y en la
entrada

17-21

¡MANOS A LA OBRA!

1. Talking about what happened: More irregular verbs in the preterit

✎ 8-2 ¿Qué hicieron?

Escucha la conversación acerca de lo que hicieron ayer dos amigas. Se repite dos veces. Después, marca la respuesta correcta.

1. Celia y su prima estuvieron en el centro comercial una hora.	❑ Cierto ❑ Falso
2. Celia y su prima pudieron comprar muchas cosas.	❑ Cierto ❑ Falso
3. Celia y su prima tuvieron que pedir dinero a su primo.	❑ Cierto ❑ Falso
4. Marta hizo algo muy divertido.	❑ Cierto ❑ Falso
5. Marta y su hermano se pusieron una sudadera y jeans.	❑ Cierto ❑ Falso
6. Marta no le dijo a Celia que sabe jugar al frisbee golf.	❑ Cierto ❑ Falso
7. Marta trajo sus frisbees.	❑ Cierto ❑ Falso

8-3 Carlota en el centro comercial

Escucha y di lo que hizo Carlota esta mañana. Sigue el modelo y escucha la confirmación.

Oyes: Vine a las diez
Dices: **Vino a las diez**.
Confirmación: Vino a las diez.

1.   2.   3.   4.   5.   6.   7.   8.

✎ 8-4 Las compras del mes

Contesta las preguntas en el pretérito. Escribe oraciones completas.

1. _____ .

2. _____ .

3. _____ .

4. _____ .

Nombre _____ Fecha _____

La ropa

8-5 Ropa y otras cosas

Contesta las preguntas brevemente siguiendo los números. Luego, repite la respuesta correcta.

1–20

1. En casa

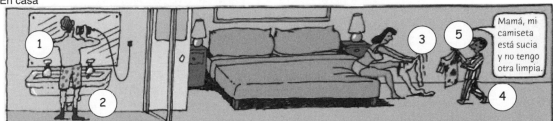

2. En la calle

3. En la universidad

4. En la oficina

5. En la playa

¡MANOS A LA OBRA!

2. Making equal comparisons

8-6 ¡A comparar!

Observa a las gemelas Irma e Imelda. Haz comparaciones de igualdad (*equal*) con las características y acciones que se mencionan. Escucha la confirmación y repite la respuesta correcta.

Irma   Imelda

MODELO
Oyes: Irma es simpática. Imelda también es simpática.
Dices: **Irma es tan simpática como Imelda.**
Confirmación: Irma es tan simpática como Imelda.
Repites: **Irma es tan simpática como Imelda.**

1. 2. 3. 4. 5.

Ahora, escucha de nuevo y compara las acciones de las dos gemelas.

MODELO
Oyes: Irma compra mucha ropa. Imelda también compra mucha ropa.
Dices: **Irma compra tanta ropa como Imelda.**
Confirmación: Irma compra tanta ropa como Imelda.
Repites: **Irma compra tanta ropa como Imelda.**

6. 7. 8.

¡MANOS A LA OBRA!

3. Making unequal comparisons

8-7 ¿Susi compró más o menos que Lulú?

Compara las facturas (*bills*) de las compras que Susi y Lulú hicieron este mes con sus tarjetas de crédito. Sigue el modelo. Repite la respuesta correcta.

Susi

MASTERTARJETA
1 blusa
3 carteras
1 cinturón
6 pantalones
12 pares de zapatos
1 perfume
1 traje de baño

Lulú

HISPANOEXPRESS
2 blusas
1 cartera
2 cinturones
7 pantalones
2 pares de zapatos
5 perfumes
3 trajes de baño

MODELO

Oyes: blusas
Dices: **Susi compró menos blusas que Lulú.**
Confirmación: Susi compró menos blusas que Lulú.
Repites: **Susi compró menos blusas que Lulú.**

1.   2.   3.   4.   5.   6.

✎ 8-8 Preguntas para ti

Contesta las preguntas con el superlativo.

1. _____.

2. _____.

3. _____.

4. _____.

5. _____.

Escena 3

Los aparatos electrónicos

8-9 En la tienda Siglo XXI

Contesta las preguntas brevemente siguiendo los números. Repite la respuesta correcta.

¿Qué vemos? 1–13

¿Qué hacen las personas en la tienda? 14–17

¡MANOS A LA OBRA!

4. Direct and indirect object pronouns together

8-10 ¿Haces bien tu trabajo?

Eres un empleado o empleada modelo de una tienda de aparatos electrónicos. Hoy tu supervisor quiere saber si haces bien tu trabajo. Escucha las preguntas y contéstalas. Luego, escribe en los espacios los pronombres de complemento indirecto y directo. Finalmente, di lo que escribiste. Sigue el modelo.

MODELO
Oyes: ¿Le explicas todo bien al cliente?
Escribes: **Sí, se lo explico bien.**
Dices: **Sí, se lo explico bien.**
Confirmación: Sí, se lo explico bien.

1. Sí, _____ _____ muestro.

2. Sí, _____ _____ mando.

3. Sí, _____ _____ doy.

4. Sí, _____ _____ recomiendo.

5. Sí, _____ _____ pido.

6. Sí, _____ _____ sirvo.

7. Sí, _____ _____ digo.

8. Sí, _____ _____ abro.

¡MANOS A LA OBRA!

5. Expressing possession: Emphatic possessive adjectives

✎ 8-11 ¿Eres generoso/a?

Eres una persona generosa, y cuando te pregunto si me prestas alguna cosa, si la tienes, dices que me la prestas. Sigue el modelo y escucha la confirmación.

MODELO
Oyes: ¿Me prestas un iPod?
Dices: **Sí, te lo presto. (o) No, no te lo presto porque no tengo un iPod.**
Confirmación: **Sí, te lo presto. (o) No, no te lo presto porque no tengo un iPod.**

1. 2. 3. 4. 5.

PRONUNCIACIÓN

8-12 Pronunciación y enlace en contexto

Primero, escucha el diálogo entre una madre y su hija de 18 años. Luego, escucha y repite cada parte del diálogo prestando atención a la pronunciación, a la entonación y al enlace de las palabras.

Lo dicta la moda

1.

Hija adolescente:	¡Mamá! ¿No estuviste en las rebajas hoy?
Madre:	No, hija. Quise ir, pero no pude. Tuve mucho trabajo todo el día.

2.

Hija adolescente:	¡Hubo unas rebajas increíbles!
Madre:	Ya lo sé; me lo dijo mi secretaria.

3.

Hija adolescente:	Ves, ya me puse toda la ropa que me compré.
Madre:	¡Ay, hija! Siempre igual, tú a la moda y yo, pasada de moda.

Capítulo 9

La salud y las emergencias

Chapter overview

In order to do the Lab Manual exercises, there are two ways you can listen to the audio. (1) Use Lab Manual **CD 6.** For your convenience, write down the track numbers on this page. (2) If you do not have the Lab Manual CDs*, go to WileyPLUS, and click on "audio" to listen to the appropriate chapter. In this case, you won't need to write down the track number. Listen to the recording as many times as you need to in order to complete each exercise.

*The CDs in the textbook are not the CDs for the Lab Manual.

Escena 1 En el consultorio médico

9-1 Una cita con el médico

Sigue los números y contesta las preguntas con oraciones completas omitiendo el sujeto. Repite la respuesta correcta.

En el consultorio médico

1–10

En los cuartos números 1, 2, 3 y 4

11–14

A la salida del consultorio

15–16

¡MANOS A LA OBRA!

1. Talking about what happened: The preterit of stem-changing verbs

9-2 Todo lo contrario

Anoche cuando doña Juana y don José salieron a cenar para celebrar su aniversario de bodas, ella hizo todo lo que su médico le recomendó, pero su esposo, todo lo contrario. Escucha lo que hizo Juana y anticipa lo que hizo José..

MODELO
Oyes: Seguí las recomendaciones del médico, pero José…
Dices: **… no siguió las recomendaciones del médico.**
Confirmación: No siguió las recomendaciones del médico..

1.   2.   3.   4.   5.   6.   7.

9-3 ¿Y cómo les fue a Uds.?

Escucha las preguntas y contesta para contar cómo fueron las vacaciones más recientes que pasaste con tu familia o amigos.

Oyes: ¿Se divirtieron?
Escribes: **Sí, nos divertimos. (o) No, no nos divertimos.**
Dices: **Sí nos divertimos. (o) No, no nos divertimos.**
Confirmación: Sí nos divertimos. (o) No, no nos divertimos.

1.   2.   3.   4.   5.

✎ 9-4 Cuánto tiempo hace?

Contesta las preguntas con oraciones completas según el modelo.

MODELO
Oyes: ¿Cuánto tiempo hace que tuviste gripe?
Escribes: *Hace dos meses que tuve gripe.* (o) *Tuve gripe hace dos meses.*

1. _____.

2. _____.

3. _____.

4. _____.

5. _____.

Escena 2

El cuerpo humano

9-5 ¿Qué parte del cuerpo es?

Escucha la información y di la parte del cuerpo a la que se refiere. Sigue los números.
Repite la respuesta correcta.

1–10

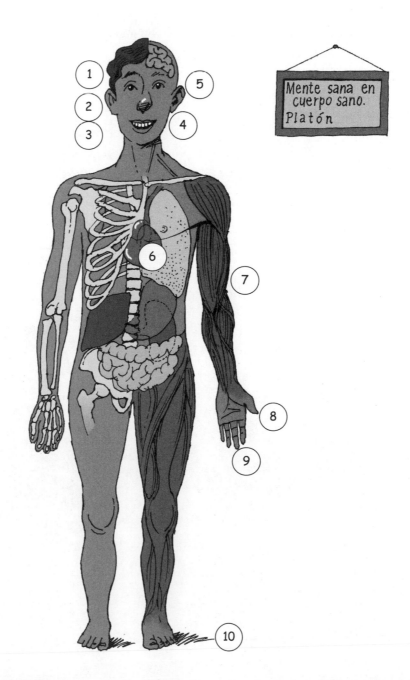

Mente sana en
cuerpo sano.
Platón

¡MANOS A LA OBRA!

2. Describing in the past: The imperfect

9-6 ¿Cómo eran y qué hacían?

Primero observa los dibujos. Luego, según el modelo, describe cómo eran y lo que hacían antes las tres personas.

MODELO
Oyes: Alejandro (*ser* un bebé)
Dices: **Era un bebé.**
Confirmación: Era un bebé.
Repites: **Era un bebé.**

1. Alejandro de bebé. Ahora tiene 80 años.

2. Eulalia de niña. Ahora tiene 30 años.

3. Eduardo de joven. Ahora tiene 50 años.

✎ 9-7 Preguntas para ti

Contesta las preguntas acerca de tu niñez con oraciones completas.

1. _____.

2. _____.

3. _____.

4. _____.

5. _____.

Nombre _____ Fecha _____

Situaciones de emergencia

9-8 Momentos difíciles

Sigue los números y contesta las preguntas con oraciones completas omitiendo el sujeto. Repite la respuesta correcta.

1–12

En el lugar del accidente

En la sala de emergencias

En el quirófano

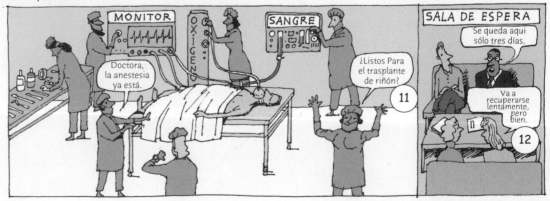

¡MANOS A LA OBRA!

3. Piecing together the past: The preterit and the imperfect

✎ 9-9 El año pasado

Primero, escucha lo que dice Cristóbal. Vas a oírlo dos veces. La segunda vez, completa los espacios en blanco para contar lo que le pasó el año pasado.

_____ un día espléndido de primavera. _____ en el jardín de mi casa. _____ flores y pájaros de mil colores. _____ solo y _____ feliz. Por fin _____ después de meses de mucho trabajo. _____ a pasar una semana muy relajado leyendo, cocinando mis platos favoritos y nadando en el lago. _____ descansar. De pronto, _____ el teléfono. _____ mi hermana menor. Me _____ que _____ malas noticias. Lo que _____ es que _____ _____ del caballo y _____ _____ una pierna y un brazo. Por eso, _____ que mientras ella _____ _____ con el cuidado de su esposo, yo _____ cuidar a sus cinco hijos y al perro. Cuando lo _____, me _____ morir. Pero, lo _____ mejor y _____ que no _____ tan terrible. Mi hermana siempre me ayuda en todo y sus hijos son muy divertidos. Esa vez _____ yo la oportunidad de corresponder.

PRONUNCIACIÓN

9-10 Pronunciación y enlace en contexto

Primero, escucha el diálogo entre dos amigos. Luego, escucha y repite cada parte del diálogo prestando atención a la pronunciación, a la entonación y al enlace de las palabras.

¡Los hay con suerte![1]

1.
Amigo 1: Cuéntame, ¿qué pasó en la boda de los Pérez? ¿Se divirtieron?

Amigo 2: Fue terrible. De los quinientos invitados, cuatrocientos noventa y ocho terminaron en el hospital.

2.
Amigo 1: ¡Qué dices! ¿Incluidos los novios?

Amigo 2: Todos. Sirvieron mayonesa en malas condiciones; fue una intoxicación general.

3.
Amigo1: ¿Y las dos personas que no se enfermaron?

Amigo 2: Un señor de ciento diez años se murió, y el otro, por ser alérgico, no pidió mayonesa. Ése fui yo.

[1]*Some people are lucky!*

Capítulo

10 El barrio

Chapter overview

In order to do the Lab Manual exercises, there are two ways you can listen to the audio. (1) Use Lab Manual **CD 6.** For your convenience, write down the track numbers on this page. (2) If you do not have the Lab Manual CDs*, go to WileyPLUS, and click on "audio" to listen to the appropriate chapter. In this case, you won't need to write down the track number. Listen to the recording as many times as you need to in order to complete each exercise.

*The CDs in the textbook are not the CDs for the Lab Manual.

Ejercicio	Page number	Track
10-1. Una mañana en el barrio	103	———
10-2. Deseos	104	———
10-3. ¿Qué quieren?	104	———
10-4. Y más deseos	105	———
10-5. Telenovelas	106	———
10-6. Los Castillo	107	———
10-7. Asociaciones, fiestas y trabajos voluntarios	108	———
10-8. Hablan los vecinos	109	———
10-9. Habla el alcalde	109	———
10-10. Tus emociones	110	———
10-11. ¡Qué actividad hay en el barrio!	111	———
10-12. Dudas	112	———
10-13. Ahora, opinas tú	112	———
10-14. Preguntas para ti	113	———
10-15. Pronunciación y enlace en contexto	113	———

La vida en el barrio

10-1 Una mañana en el barrio

Para conocer el barrio, sigue los números y contesta las preguntas con oraciones completas. Omite los sujetos y repite la respuesta correcta.

1–12

¡MANOS A LA OBRA!

1. Expressing subjective reactions: The subjunctive mood and the formation of the present subjunctive

10-2 Deseos

Expresa tus mejores deseos a las siguientes personas. Usa la forma de Ud. y sigue el modelo. Luego, escucha la confirmación y repite.

MODELO

A un candidato

Oyes: *ganar* las elecciones
Dices: **¡Que gane las elecciones!**
Confirmación: ¡Que gane las elecciones!
Repites: **¡Que gane las elecciones!**

1. A una vecina
2. Al cartero
3. A un buen vecino
4. A un bombero
5. A la vendedora
6. A un cliente
7. A una soldado
8. A una vecina recién casada
9. Al dueño del café

10-3 ¿Qué quieren?

Primero, observa los dibujos. Luego, contesta las preguntas diciendo lo que las siguientes personas del barrio quieren que hagan otras. Sigue el modelo, escucha la confirmación y repite.

MODELO

La vecina del balcón
acordarse de la telenovela

Oyes: ¿Qué quiere una vecina que haga la otra?
Dices: **Quiere que se acuerde de la telenovela.**
Confirmación: Quiere que se acuerde de la telenovela.
Repites: **Quiere que se acuerde de la telenovela.**

1. El dueño del carro
   parar

2. El señor del celular
   saltar

3. La dueña del perro
   obedecer

4. La vendedora del parque
   comprar dulces y chicles

10-4 Y más deseos

Di lo que deseas de tus vecinos. Marca **Sí, quiero** o **No, no quiero** y escribe el verbo en el espacio en blanco. Luego di lo que quieres de ellos. Sigue el modelo y escucha la confirmación.

MODELO

Oyes: ¿Quieres que tus vecinos sean discretos?

Marcas y escribes: ☒ Sí, quiero que mis vecinos _*sean*_ discretos.

(o)

☒ No, no quiero que mis vecinos _*sean*_ discretos.

Dices: **Sí, quiero que mis vecinos sean discretos. (o) No, no quiero que mis vecinos sean discretos.**
Confirmación: Sí, quiero que mis vecinos sean discretos. (o) No, no quiero que mis vecinos sean discretos.

1. ❑ Sí, quiero… ❑ No, no quiero… que mis vecinos _____ el césped a medianoche.

2. ❑ Sí, quiero… ❑ No, no quiero… que mis vecinos _____ mis plantas a veces.

3. ❑ Sí, quiero… ❑ No, no quiero… que mis vecinos _____ _____ su carro delante de mi garaje.

4. ❑ Sí, quiero… ❑ No, no quiero… que mis vecinos _____ _____ cuando estoy mal.

5. ❑ Sí, quiero… ❑ No, no quiero… que mis vecinos _____ las hojas de sus árboles.

6. ❑ Sí, quiero… ❑ No, no quiero… que mis vecinos _____ todos los detalles de mi vida.

7. ❑ Sí, quiero… ❑ No, no quiero… que mis vecinos _____ a su piscina.

¡MANOS A LA OBRA!

2. Expressing wishes and requests: The subjunctive with expressions of influence

10-5 Telenovelas

Primero, mira la lista de personajes de la telenovela. Luego, escucha lo que quiere cada persona, identifica quién es y escucha la confirmación. Sigue el modelo. Se lee dos veces.

LOS PERSONAJES DE LA TELENOVELA:

Los Castillo:
Don Aureliano, director del banco
Doña Josefina, esposa de don Aureliano
Víctor, hijo de don Aureliano y de doña Josefina y novio de Angelita

Los Soto:
Pascual, bombero
Rosa, empleada de la farmacia y esposa de Pascual
Angelita, hija de Pascual y Rosa y novia de Víctor

MODELO
Oyes: Hijo mío, insisto en que busques una novia de la clase alta.
Dices: **Es doña Josefina.**
Confirmación: Es doña Josefina.

1.   2.   3.   4.   5.

✎ 10-6 Los Castillo

Para saber lo que dicen los personajes de la telenovela, escucha primero. Luego, completa los espacios en blanco. Se lee dos veces.

Doña Josefina: Aureliano, _____ _____ que

_____ con nuestro hijo inmediatamente.

_____ en que le _____ que esa

chica no es la mujer que necesita. No _____ que

_____ que la vamos a aceptar en nuestra familia.

Don Aureliano: Querida, _____ hablar con él en otro momento.
Ahora tengo mucho trabajo y no me siento bien.

Doña Josefina: En ese caso, querido, _____ _____

que _____ a pasar unas semanas al Caribe.

_____ _____ que

_____ No _____ que

_____ otra vez problemas de corazón.

Don Aureliano: De acuerdo, pero _____ en que no me

_____ de Víctor y de Angelita durante nuestras

vacaciones.

Nombre _____ Fecha _____

Las actividades del barrio

10-7 Asociaciones, fiestas y trabajos voluntarios

Para saber lo que pasa en el barrio, sigue los números y contesta las preguntas con oraciones completas omitiendo los sujetos. Repite la respuesta correcta.

En la asociación de vecinos

En la fiesta del barrio

Durante la fiesta…

En trabajos voluntarios

¡MANOS A LA OBRA!

3. Expressing emotional reactions and feelings: The subjunctive with expressions of emotion

10-8 Hablan los vecinos

Escucha lo que sienten estas personas y diles que sientes lo mismo. Sigue el modelo y escucha la confirmación.

MODELO
Oyes: Esperamos que haya menos crimen.
Dices: **Yo también espero que haya menos crimen.**
Confirmación: Yo también espero que haya menos crimen.

1.   2.   3.   4.

Ahora vas a escuchar lo que les gusta, les encanta y les preocupa a unas personas. Diles que a ti te gusta, te encanta y te preocupa también. Sigue el modelo y escucha la confirmación.

MODELO
Oyes: Nos preocupa que haya violencia.
Dices: **A mí también me preocupa que haya violencia.**
Confirmación: A mí también me preocupa que haya violencia.

5.   6.   7.

10-9 Habla el alcalde

Escucha lo que dice el alcalde. Primero, marca tu reacción y escribe el verbo en el espacio en blanco. Luego, di tu reacción. Sigue el modelo y escucha la confirmación.

MODELO
Oyes: Hay mucha violencia en nuestra ciudad.
Marcas y escribes: ☒ Me alegro de que… _haya_ mucha violencia.
                         (o)
                    ☒ Siento que…. _haya…_ mucha violencia.

Dices: Me alegro de que haya mucha violencia (o) Siento que haya mucha violencia.

1. ❑ Me alegro de que…   ❑Siento que… Hábitat _____
    _____ muchas casas.

2. ❑ Me alegro de que…   ❑Siento que… muchos voluntarios _____ a
    leer y a escribir.

3. ❑ Me alegro de que…   ❑Siento que… nadie _____ de comer a las
    personas sin hogar.

4. ❑ Me alegro de que…   ❑Siento que… _____ muchas personas sin
    trabajo.

5. ❑ Me alegro de que…   ❑Siento que… las aceras de nuestra ciudad
    _____ muy limpias.

✎ 10-10 Tus emociones

Escucha los fragmentos y completa las oraciones. Se leen dos veces.

1. _____.

2. _____.

3. _____.

4. _____.

5. _____.

Escena 3

Asuntos sociales, políticos y religiosos

10-11 ¡Qué actividad hay en el barrio!

Para saber más sobre el barrio, sigue los números y contesta las preguntas con oraciones completas. Omite los sujetos y repite la respuesta correcta.

En la manifestación

En la campaña electoral

En el templo

¡MANOS A LA OBRA!

4. Expressing uncertainty or denial: The subjunctive with expressions of doubt or negation

10-12 Dudas

Te llamas Tomás y dudas de todo lo que te digo. Escucha las afirmaciones y expresa tus dudas.
Sigue el modelo, escucha la confirmación y repite.

MODELO
Oyes: Yo voto siempre.
Dices: **Dudo que votes siempre.**
Confirmación: Dudo que votes siempre.
Repites: **Dudo que votes siempre.**

1.   2.   3.   4.   5.

10-13 Ahora, opinas tú

Escucha las afirmaciones. Primero, marca si lo **crees** o lo **dudas** y escribe el verbo en el espacio en blanco. Luego, di tu opinión. Sigue el modelo y escucha la confirmación.

MODELO
Oyes: En EE.UU. hay mucha intolerancia con los inmigrantes.
Marcas y escribes: ☒ Creo que… _ *hay* _ intolerancia con los inmigrantes.

(o)

☒ Dudo que… _ *haya* _ intolerancia con los inmigrantes.

Dices: Creo que hay mucha intolerancia con los inmigrantes (o) No creo que haya mucha intolerancia con los inmigrantes.
Confirmación: Creo que hay mucha intolerancia con los inmigrantes. (o) Dudo que haya mucha intolerancia con los inmigrantes.

1.   ❑ Creo que…   ❑ Dudo que… el presidente de EE.UU. _____

a reducir los impuestos.

2.   ❑ Creo que…   ❑ Dudo que… todos los políticos _____ honestos.

3.   ❑ Creo que…   ❑ Dudo que… _____ paz entre los judíos y musulmanes.

4.   ❑ Creo que…   ❑ Dudo que… en EE.UU. todos los ciudadanos

_____ trabajos voluntarios.

5. ❑ Creo que… ❑ Dudo que… la guerra en Afganistán

_____ necesaria.

6. ❑ Creo que… ❑ Dudo que… la seguridad nacional de EE.UU.

_____ en peligro..

✎ 10-14   Preguntas para ti

Escucha las preguntas y contesta con oraciones completas. Se leen dos veces.

1. _____ .

2. _____ .

3. _____ .

4. _____ .

5. _____ .

PRONUNCIACIÓN

10-15 Pronunciación y enlace en contexto

Primero, escucha el diálogo entre una abuela y su nieta. Luego, escucha y repite cada parte del diálogo prestando atención a la pronunciación, a la entonación y al enlace de las palabras.

Lo dice la‿abuela

Nieta: Abuela, ¿puedo‿ir yo sola‿a la panadería?

Abuela: Bueno, pero quiero que‿escuches lo que te voy‿a decir.

Nieta: Sí, abuela.

Abuela: Te pido, por favor, que no‿hables con‿extraños‿en la calle.

Abuela: Y prefiero que cruces por los semáforos‿y que no corras.

Nieta: Abuela, ¡que ya soy mayor!

Nombre _____ Fecha _____

Capítulo

11 En el trabajo

Chapter overview

In order to do the Lab Manual exercises, there are two ways you can listen to the audio. (1) Use Lab Manual **CD 7.** For your convenience, write down the track numbers on this page. (2) If you do not have the Lab Manual CDs*, go to WileyPLUS, and click on "audio" to listen to the appropriate chapter. In this case, you won't need to write down the track number. Listen to the recording as many times as you need to in order to complete each exercise.

*The CDs in the textbook are not the CDs for the Lab Manual.

Ejercicio	Page number	Track
11-1. Un día en el trabajo	117	————
11-2. ¿Qué han hecho?	118	————
11-3. ¿Y qué has hecho tú hoy?	119	————
11-4. Un día entre ejecutivos	120	————
11-5. ¿En qué piso será?	121	————
11-6. ¿Qué harás?	122	————
11-7. ¿Qué harán?	122	————
11-8. Preguntas para ti	122	————
11-9. Con los obreros	123	————
11-10. Lo que dicen los obreros	124	————
11-11. Pronunciación y enlace en contexto	124	————

En la oficina

11-1 Un día en el trabajo

Para saber lo que pasa en la oficina, observa la escena y contesta las preguntas con oraciones completas. Sigue los números, omite los sujetos y repite la respuesta correcta.

1–11

¡MANOS A LA OBRA!

1. Talking about what has happened: The present perfect

11-2   ¿Qué han hecho?

Primero, escucha lo que han hecho los empleados de una compañía. Luego, vuelve a escuchar y marca con una **X** quién ha hecho las cosas que se mencionan y contesta las preguntas. Escucha la confirmación.

MODELO

Oyes: Han llegado temprano

Marcas: **X** El presidente y **X** la jefa de personal

Oyes: Y tú, ¿has llegado temprano a clase?

Dices: Sí, he llegado temprano. (o) No, no he llegado temprano.

1. 2. 3. 4. 5. 6. 7. 8.

	La jefa de personal	El presidente	Los empleados
1.			
2.			
3.			
4.			
5.			
6.			
7.			
8.			

✎ 11-3 ¿Y qué has hecho tú hoy?

Contesta las preguntas. Luego, escribe la forma del verbo de tu respuesta en el espacio en blanco.

MODELO

Oyes: ¿Has trabajado en una oficina?

Dices: **Sí, he trabajado en una oficina.** (o) **No, no he trabajado en una oficina.**

Escribes: *He trabajado*

Confirmación: Sí, he trabajado en una oficina. (o) No, no he trabajado en una oficina.

1. _____

2. _____

3. _____

4. _____

5. _____

6. _____

Escena 2

En la empresa

11-4 Un día entre ejecutivos

Para saber lo que pasa en la empresa, observa la escena y contesta las preguntas con oraciones completas. Sigue los números, omite los sujetos y repite la respuesta correcta.

1–6

¡MANOS A LA OBRA!
2. Talking about what will happen: The future tense

11-5   ¿En qué piso será?

Mira el edificio de la empresa TECNOMUNDO y contesta las preguntas para indicar en dónde está cada cosa y lo que piensas que harán allí las personas.

MODELO

Oyes: 1. ¿En qué piso están?
Dices: **Están en el décimo piso.**
Confirmación: Están en el décimo piso.
Oyes: ¿Nadarán en la piscina o tendrán una reunión allí?
Dices: **Nadarán en la piscina.**
Confirmación: Nadarán en la piscina.

1.   2.   3.   4.   5.   6.   7.   8.

EMPRESA TECNOMUNDO

1. ____ Piscina	10º
Terraza de descanso	9º
2. ____ Peluquería	8º
3. ____ Cafetería - Restaurante	7º
4. ____ Salas de reuniones	6º
5. ____ Oficina del gerente	5º
Departamento de ventas	4º
6. ____ Recursos humanos	3º
Biblioteca	2º
7. ____ Gimnasio	1º
8. ____ Recepción - Guardería infantil	Planta baja
Garaje	Sótano

11-6 ¿Qué harás?

Escucha y responde diciendo lo que harás en circunstancias similares. Sigue el modelo y escucha la confirmación.

MODELO
Oyes: 1. Tienes una entrevista para un puesto de trabajo.
Marcas: 1
Dices: **Llegaré temprano.**
Confirmación: Llegaré temprano.

1. ____ salir a celebrarlo

2. __1__ *llegar* temprano

3. ____ *tener* una fiesta

4. ____ *decirle* "¡Buena suerte!"

5. ____ *depositarlo* en el banco

6. ____ *preocuparme*

1.   2.   3.   4.   5.   6.

✎ 11-7 ¿Qué harán?

Escucha lo que dicen las siguientes personas. Luego, para completar la información que falta (*missing*), escribe qué, dónde o cuándo lo harán. Cada descripción se leerá dos veces.

¿Quién?	¿Qué hará?	¿Cuándo lo hará?	¿Dónde lo hará?
1. La secretaria	a todos los candidatos		*en su cubículo*
2. Un empleado	... todos sus mensajes	*hoy*	
3. Un ejecutivo	... con un cliente		*en un restaurante*
4. El gerente	... a una reunión	*el mes próximo*	
5. La jefa de personal	... entrevistar a muchos candidatos		*en el edificio Hispano*

✎ 11-8 Preguntas para ti

Contesta las preguntas con oraciones completas.

1. _____ .

2. _____ .

3. _____ .

4. _____ .

5. _____ .

Nombre _____ Fecha _____

En la fábrica

11-9 Con los obreros

Para saber lo que pasa en la fábrica, contesta las preguntas con oraciones completas. Sigue los números y repite la respuesta correcta.

1–10

¡MANOS A LA OBRA!

3. *Por* and *para*, a summary

✎ 11-10 Lo que dicen los obreros

Vas a escuchar partes de conversaciones de los obreros y del supervisor de una fábrica. En cada una, en vez de la preposición *por* o *para* oirás un pitido (*beep*). Se leerá dos veces. La segunda vez, escribe la preposición que corresponde en los espacios en blanco.

1. _____

2. _____

3. _____ _____

4. _____

5. _____

6. _____ _____ _____

PRONUNCIACIÓN

11-11 Pronunciación y enlace en contexto

Primero, escucha lo que un ejecutivo le dice por teléfono a su futura esposa. Luego, escucha y repite prestando atención a la pronunciación, a la entonación y al enlace de las palabras.

¿Trabajar para vivir o vivir para trabajar?

El primer día de trabajo…

1. Joven ejecutivo: Sí, mi amor, ahorraremos, nos casaremos y viviremos en una mansión.

   Unos meses más tarde…

2. Joven ejecutivo: Hoy no podré, cariño, no iré a casa a cenar, pero te llamaré para hablar.

   Un año después…

3. Joven ejecutivo: Lo siento, pero olvídalo. ¡¡¡No saldré nunca de aquí!!!

Capítulo 12 · Nuevos horizontes

Chapter overview

In order to do the Lab Manual exercises, there are two ways you can listen to the audio. (1) Use Lab Manual **CD 7.** For your convenience, write down the track numbers on this page. (2) If you do not have the Lab Manual CDs*, go to WileyPLUS, and click on "audio" to listen to the appropriate chapter. In this case, you won't need to write down the track number. Listen to the recording as many times as you need to in order to complete each exercise.

*The CDs in the textbook are not the CDs for the Lab Manual.

Ejercicio	Page number	Track
12-1. Viajando	127	———
12-2. ¿Qué harías tú?	127	———
12-3. ¿Qué harían ustedes?	128	———
12-4. Soñar no cuesta nada	128	———
12-5. Los avances científicos y tecnológicos	129	———
12-6. ¡Ay, si fuera posible!	130	———
12-7. Otro invento: El avión más grande del mundo	130	———
12-8. ¡A responder!	131	———
12-9. Una vida mejor	132	———
12-10. Testimonios de tres inmigrantes	133	———
12-11. ¿Cómo sería tu vida?	133	———
12-12. Pronunciación y enlace en contexto	134	———

1

De viaje por el mundo hispano

12-1 Viajando

Para comentar lo que hay y lo que pasa en la escena, responde con oraciones completas. Sigue los números y repite la respuesta correcta.

1–13

¡MANOS A LA OBRA!

1. Talking about what would happen: The conditional

12-2 ¿Qué harías tú?

Di lo que harías en las siguientes circunstancias. Primero, escribe el número que oyes al lado de la consecuencia lógica que corresponde. Luego di lo que harías. Sigue el modelo y escucha la confirmación.

MODELO
Oyes: Quieres viajar a España.
Marcas: Sacar el pasaporte ___1___
Dices: Sacaría el pasaporte.
Confirmación: Sacaría el pasaporte.

1.   2.   3.   4.   5.   6.   7.   8.

a. *abrocharse* el cinturón de seguridad _____

b. *conseguirlo* por Internet_____

c. *decir* "Buenos días"_____

d. *facturar* el equipaje _____

e. *poner* el aire acondicionado _____

f. *sacar* el pasaporte __1__

g. *ser* amable _____

h. *tener* sueño _____

✎ 12-3 ¿Qué harían ustedes?

Di lo que tu familia y tú harían en el hotel. Sigue el modelo y repite.

MODELO
Oyes: *registrarse*.
Dices: **Nos registraríamos.**
Repites: **Nos registraríamos.**

1. 2. 3. 4. 5. 6. 7. 8.

12-4 Soñar no cuesta nada

Escucha un monólogo interrumpido. Lo oirás dos veces. Después de escuchar la segunda vez, contesta las preguntas.

1. _____.

2. _____.

3. _____.

4. _____.

5. _____.

6. _____.

7. _____.

8. _____.

La ciencia y la tecnología

12-5 Los avances científicos y tecnológicos

Contesta las preguntas brevemente. Sigue los números y repite la respuesta correcta.

1–8

¡MANOS A LA OBRA!

2. Reacting to past actions, conditions or events: The imperfect (past) subjunctive

12-6 ¡Ay, si fuera posible!

Escucha. Luego, completa cada oración que oyes con la información de la burbuja que le corresponde. Se lee dos veces.

MODELO
Oyes: Si no se emborracharan,
Dices: ... **no tendrían problemas.**
Confirmación: ... no tendrían problemas.
Repites: ... **no tendrían problemas.**

> Si no se emborracharan,
> no tendrían problemas.

1. _____
   donaría una parte a los pobres.

2. _____
   nadie se moriría de hambre.

3. _____
   contaminaríamos menos el medio ambiente.

4. _____
   conservaríamos mejor el planeta.

5. _____
   se viviría en paz.

✎ 12-7 Otro invento: El avión más grande del mundo

Escucha la siguiente noticia y la información sobre el avión más grande del mundo y completa los espacios en blanco. Se leerá dos veces.

Nombre _____ Fecha _____

PARIS, 2 DE JUNIO 2009

ÉXITO TECNOLÓGICO: NUEVO INVENTO

Ayer aterrizó en el _____ francés Charles de Gaulle el
_____ más grande del mundo: el Airbus A 380. Aunque más de
un millón de pasajeros han viajado en esta aeronave de Las Líneas Aéreas de Singapur
desde el 2007, éste ha sido el primer _____ comercial de
Singapur a Europa. El avión supone un éxito para la industria aeronáutica europea y
pondrá fin al predominio del jumbo 747 de la compañía estadounidense Boeing. Tiene
dos pisos y una capacidad máxima de 850 _____ De un ala a la
otra mide como un campo de fútbol. La _____ de Singapur
recibió su primer modelo hace dos años y ya ha pedido otros 19 más. Fuentes de Las
Líneas Aéreas de Singapur señalan que pronto habrá un vuelo diario entre Singapur y
París. Pilotos expertos que _____ _____
este avión, dicen que el Airbus A 380 se maneja tan fácilmente como
_____ _____ una bicicleta.

¿Le gustaría a usted _____ un boleto para volar en este Airbus?
¿Tiene usted ya un pasaporte o lo piensa _____ pronto? Se lo
preguntamos porque muchos aeropuertos de todo el mundo ya están haciendo
reformas en sus pistas para poder acoger a este súper-jumbo.

Algunas de las _____ que tendrá este avión gigante es que
reducirá costos y descongestionará el tráfico aéreo. Según la
_____, los países que han participado en su fabricación son
Francia, Inglaterra, España, Alemania y Bélgica y en los próximos años saldrá un
nuevo modelo, el Airbus A 380-900 capacidad para 900 personas.

✎ 12-8 ¡A responder!

Ahora que has obtenido información sobre el Airbus A 380, contesta las preguntas.
Se leerán dos veces.

1. _____.

2. _____.

3. _____.

4. _____.

5. _____.

6. _____.

Escena 3

En busca de una vida mejor

12-9   Una vida mejor

Contesta las preguntas sobre lo que pasa en la escena. Usa oraciones completas. Sigue los números y repite.

1–10

✎ 12-10 Testimonios de tres inmigrantes

Escucha los testimonios de los siguientes inmigrantes; se leerán dos veces. Luego, escribe en los espacios en blanco la inicial de la persona que dice cada cosa: Ana (**A**); Juan (**J**); Paola (**P**).

1. Espero ser ciudadano estadounidense pronto y poder traer a mi familia conmigo.
   _____

2. Mis padres son muy mayores y una de mis hermanas está discapacitada. _____

3. Crucé la frontera mexicana con mi hijo de dos años. Su padre nos abandonó.
   _____

4. Tuve que aprender inglés y hacer trabajos que no quería hacer nadie. _____

5. Fue difícil dejar mi país y a mi familia, pero aquí no tuve problemas con el idioma. _____

6. Mi primer trabajo fue en una casa donde tenían muchos prejuicios contra los mexicanos. _____

7. En Bolivia no tenía trabajo y pasábamos hambre, por eso un día decidí emigrar en busca de oportunidades. _____

8. En España la comunidad de inmigrantes ecuatorianos es cada vez más grande.
   _____

9. Ahora soy ciudadana de EE. UU. y trabajo como enfermera. _____

✎ 12-11 ¿Cómo sería tu vida?

Contesta las preguntas con oraciones completas.

1. _____.

2. _____.

3. _____.

4. _____.

PRONUNCIACIÓN

12-12 Pronunciación y enlace en contexto

Primero, escucha el diálogo entre una pareja. Luego, escucha y repite cada parte del diálogo prestando atención a la entonación y al enlace de las palabras.

¡Ay, si se pudiera!

1.

Un joven: Si **pudiera**, **eliminaría** la pobreza, las enfermedades y la contaminación del medio ambiente.

2.

Una joven: Pues yo, si estuviera en mis manos, **resolvería** todos los conflictos para tener paz en el mundo.

3.

Un hombre mayor: **Si** todo eso **fuera** posible, ¡qué bien **viviríamos**!

Workbook Answer Key

¡Con brío!

Capítulo 1: Primeros pasos

Paso I

1-1 Situaciones

1. Hola Hugo
2. Muy bien (Bien). ¿Y tú?
3. Muy bien (Bien), gracias. ¿Y tú?
4. Me llamo Magdalena.

1-2 El primer día de clase

1. estás
2. gracias
3. tal
4. te llamas
5. llamo
6. Me
7. gusto
8. Encantada
9. luego

1-3 Primeros contactos

1. b
2. f
3. a
4. e
5. g
6. c
7. d

Paso II

1-4 América Central

1. No, ellos son salvadoreños.
2. No, él es nicaragüense.
3. Sí, (nosotros) somos costarricenses.
4. Sí, ella es hondureña.
5. No, ellas son guatemaltecas.

1-5 Amigos internacionales

1. son
2. somos
3. son
4. soy
5. es
6. es
7. es
8. son
9. eres
10. soy
11. son
12. es
13. es

1-6 Mi primer párrafo en español

(*Answers may vary.*)

Paso III

1-7 En un diccionario

1. (*provided*)
2. arrogante — arrogantes — arrogant
3. atlética — atléticos — athletic
4. honesta — honestos — honest
5. optimista — optimistas — optimistic
6. pesimista — pesimistas — pessimistic
7. puntual — puntuales — punctual
8. rebelde — rebeldes — rebellious
9. religiosa — religiosos — religious
10. romántica — románticos — romantic

1-8 ¿Cómo eres tú?

1. Muy bien, ¿y tú?
2. Es... (*Answers may vary*).
3. Soy paciente (impaciente).
4. Sí, soy honesto/a. (*o*) No, no soy honesto/a.
5. Sí, soy creativo/a. (*o*) No, no soy creativo/a.
6. Soy extrovertido/a (introvertido/a).
7. Soy cómico/a (serio/a).

Paso IV

1-9 Sumas y restas

1. dos más dos son cuatro
2. doce menos tres son nueve
3. veintinueve menos quince son catorce
4. diecisiete más cuatro son veintiuno
5. cincuenta y nueve menos veinte son treinta y nueve
6. treinta y seis más quince son cincuenta y uno

1-10 Una serie de números

1. tres, cuatro
2. veinte, veintidós
3. diez
4. seis, cinco
5. uno, tres
6. cuarenta
7. treinta
8. cuarenta, cincuenta

1-11 Información interesante

1. cincuenta
2. veinte
3. diecisiete
4. nueve
5. cero
6. dieciocho
7. dos

1-12 ¡Pregunta!

1. Cuántas... Hay una profesora.
2. Cuántas... Hay veintiuna mujeres.
3. Cuántas... Hay once computadoras.
4. Cuántos... Hay treinta y un hombres.
5. Cuántos... Hay dieciséis lápices y bolígrafos.

Paso V

1-13 ¿Qué hora es?

1. Son las seis de la mañana.
2. Son las siete y cuarto (quince) de la mañana.
3. Son las ocho y media (treinta) de la mañana.
4. Es la una y diez de la tarde.
5. Son las diez menos cuarto (quince) de la noche.

1-14 Husos horarios (Time zones)

1. Son las tres y media de la tarde.
2. Son las ocho y media de la mañana.
3. Son las ocho y media de la mañana.
4. Son las diez y media de la mañana.
5. Son las nueve y media de la mañana.

6. Son las ocho y media de la mañana.
7. Son las nueve y media de la mañana.
8. Son las diez y media de la mañana.

Paso VI

1-15 Los días de la semana

1. sábado, domingo
2. (los) miércoles, (los) viernes, martes
3. lunes
4. jueves
5. (Answers may vary.)

1-16 ¿Cuándo es?

1. Es el cuatro de julio.
2. Es el veinticinco de diciembre.
3. Es el catorce de febrero.
4. (Answers may vary.)
5. (Answers may vary.)
6. (Answers may vary.)

Toque final

A. ¡A escribir! Mi clase de...

(Answers may vary.)

B. Tu mundo cultural

1. falso. El español se deriva del latín.
2. cierto
3. cierto
4. falso. En EE.UU. hay unos 40 millones de hispanohablantes.

Capítulo 2: La universidad y el trabajo

Escena 1

2-1 En el campus

1. biblioteca
2. gimnasio
3. residencia estudiantil
4. estacionamiento
5. estadio de deportes
6. avenida

2-2 Asociaciones

1. (provided)
2. el estacionamiento
3. la residencia estudiantil
4. el estadio de deportes
5. la guardería intantil
6. la biblioteca

7. la cafetería
8. la plaza
9. la avenida

2-3 Mis clases

1. cálculo, contabilidad, estadística
2. biología, física, química
3. español, francés, ruso
4. arte, literatura, música

2-4 Tu universidad

1. Se llama...
2. Sí, hay... (o) No, no hay...
3. Hay clases los lunes,...
4. Son a la/s...,...
5. Sí, hay... (o) No, no hay... Sí, hay... (o) No, no hay...

2-5 ¿Masculino o femenino?

1. (provided)
2. M, los lápices
3. M, los mapas
4. F, las facultades
5. M, los carros
6. F, las clases
7. F, las administraciones
8. M, los autobuses
9. F, las mochilas
10. M, los relojes
11. F, las profesoras
12. M, los hombres

2-6 ¿Es específico o no?

Definite: 1. los, 2. el, 3. la, 4. el, 5. la, 6. las, 7. el

Indefinite: 8. unas, 9. una, 10. unos, 11. un, 12. unos, 13. un, 14. una

2-7 En la Oficina de Objetos perdidos

1. (provided)
2. F. Hay un diccionario.
3. C
4. F. Hay siete lápices.
5. F. Hay una calculadora.
6. C
7. F. Hay una cámara y dos teléfonos.
8. F. Hay tres gorras de béisbol y cuatro suéteres.
9. F. Hay dos bolígrafos y un reloj.

2-8 ¿Dónde están?

1. está
2. están
3. está
4. estamos
5. está
6. están
7. Estás

2-9 ¿De dónde es y dónde está?

1. (provided)
2. Es de Texas.
   Está en Los Ángeles.
3. Es de Venezuela.
   Está en Nueva York.
4. Es de México.
   Está en San Francisco.
5. Es de Nueva York
   Está en Florida.

2-10 ¿Dondé están los objetos y las personas?

1. Está enfrente de los estudiantes.
2. Está delante de su mochila.
3. Está entre Raúl y Laura.
4. Está detrás de Laura.
5. Está lejos de la ventana.
6. Está cerca de (al lado de) la mesa.
7. Está al lado de Adriana.

Escena 2

2-11 Crucigrama

Horizontales
4. mapa
5. pizarra
7. examen
9. televisor
10. marcador

Verticales
1. compañeros
2. papelera
3. nota
5. puerta
6. pared
8. borrador

2-12 ¿De qué color? (Answers may vary.)

1. es…
2. es…, es…
3. son…
4. son…
5. es…
6. Es roja, blanca y azul.
7. es…
8. son…

2-13 ¿De quién es?

1. Los exámenes son del profesor Fonseca.
2. Las mochilas anaranjadas son de Rebeca y Marta.
3. El marcador azul es de usted (Ud.).
4. El suéter amarillo es de Ricardo.
5. El diccionario es de mi profesora de español.

2-14 ¿Cómo están?

1. está nerviosa
2. estoy aburrido
3. estamos ocupados
4. están contentos
5. está cansado
6. está enojada

2-15 ¿Cuál es el resultado?

1. Están enfermos.
2. Está aburrida.
3. Están cansados.
4. Estamos preocupados.
5. Estoy triste.

Escena 3

2-16 Pistas

1. bombero
2. programador
3. maestra
4. abogada
5. médico
6. contador
7. policía
8. ama de casa
9. mesero
10. enfermero

Hay muchas profesiones.

2-17 Profesiones

1. amas de casa
2. contadores
3. médicos, enfermeros
4. abogadas
5. programadores
6. meseros
7. bomberos, policías
8. maestras

2-18 ¿Adónde vas…?

1. (provided)
2. van al centro estudiantil

3. va al estacionamiento
4. vas al hospital
5. voy al estadio de deportes
6. vamos a la clase de español

2-19 No te entendí

1. dónde
2. Qué
3. Cuál
4. Cuántos
5. A qué hora
6. Cómo
7. Adónde
8. Dónde
9. De quién
10. Quién

Toque final

A. ¡A escribir! Tu vida universitaria.

(Answers may vary.)

B. Tu mundo cultural

1. La Universidad Autónoma de México (UNAM) y la Universidad de Salamanca
2. (Answers may vary.)
3. En el siglo XX son de México, Puerto Rico y Cuba. En años más recientes son de América Central, República Dominicana, Colombia, Ecuador, Perú y Venezuela.
4. (Answers may vary.)
5. El español

Capítulo 3: La familia y los amigos

Escena 1

3-1 Una reunión familiar

1. Los nietos de Jorge y Elena se llaman Panchito, Techi y Carmina.
2. Los padres de José se llaman Luis y Rosa.
3. La esposa de Luis se llama Rosa.
4. Los abuelos de Juan se llaman María y René.
5. El bebé de Teresa es Panchito.
6. Las sobrinas de Raúl son Techi y Carmina.
7. El esposo de Elisa se llama Antonio.
8. El tío de Techi y Carmina se llama Raúl.
9. El cuñado de Fernando es Raúl.
10. Los suegros de Elena son René y María.
11. Los primos de Carlos son Teresa y Raúl.

3-2 Pistas

1. el hijo
2. el padre
3. el tío
4. el nieto
5. los sobrinos

3-3 Una familia grande

1. tiene
2. tienen
3. tengo
4. tiene
5. tiene
6. tengo
7. tenemos
8. tienes

3-4 Mi cumpleaños

1. (provided)
2. mi
3. Mis
4. Mi
5. su
6. Sus
7. mis
8. Nuestra
9. Nuestro
10. nuestro
11. tu
12. tus

3-5 ¿Cuántos años tienen?

(Answers may vary.)

1. Tengo… años.
2. Mi padre tiene… años y mi madre tiene… Mi abuelo/a tiene…
3. Sí, tengo hijos. Mi hijo/a tiene… (o) No, no tengo hijos.
4. Sí, tengo (un) gato (perro). Tiene… (o) No, no tengo gato (perro).

3-6 ¿Cuál es su número?

1. Es el tres-cero-dos-cincuenta y siete-sesenta y nueve.
2. Es el cinco-ochenta y dos-noventa-cuarenta y cuatro.
3. Es el siete-doce-cincuenta- veintinueve.
4. Es el nueve-dieciséis-setenta y cinco-noventa y nueve.

3-7 ¡Qué ocupados!

1. Mi padre (d, f)
2. Yo (e)
3. Tú (a)
4. Tu mamá (d, f)
5. Ustedes (b, c)
6. Mi hermano y yo (g)
7. Ana y David (b, c)

3-8 Rompecabezas

1. (provided)
2. _____, to have dinner, _____, ceno
3. comprar, _____, _____, compramos
4. _____, to arrive, él/ ella/ usted (Ud.), _____
5. estudiar, _____, _____, estudian
6. tener, _____, nosotros/as, _____
7. _____, to have breakfast, _____, desayuna
8. trabajar, _____, _____, trabajamos
9. _____, to use, _____, usa
10. regresar, _____, _____ regresas

3-9 Estudios en España

1. desayuno
2. hablamos
3. llego
4. uso
5. llegan
6. hablamos
7. va
8. conversamos
9. tomamos
10. regreso
11. estudio
12. llegamos
13. cenamos

3-10 Mi rutina (Answers may vary.)

1. Sí, desayuno. Desayuno a la/s… (o) No, no desayuno.
2. Sí, trabajo. Trabajo en… (o) No, no trabajo.
3. Llego tarde (temprano).
4. Sí, (No, no) ceno en casa todos los días.
5. Ceno con…
6. Hablo por celular…
7. Sí, (No, no) uso Internet todas las noches.

Escena 2

3-11 Mi amiga Marta

1. fuerte
2. delgada
3. rubia
4. divertida
5. cariñosa
6. simpática

3-12 ¿A quién? o ¿qué?

1. a, x
2. x, a
3. a, x
4. a, x
5. x
6. a, a
7. a
8. a, x

3-13 ¡Claro que sí!

1. h
2. f
3. a
4. b
5. c
6. d
7. e
8. g

3-14 Un niño difícil

1. …es delgada.
2. …es trabajador.

3. ...soy listo.
4. ...eres simpático.
5. ...son jóvenes.
6. ...es bonito.
7. ...somos divertidos.

3-15 Todos mis amigos

(Answers may vary.)

1. alto, grande (guapo), baja, pequeña (guapa)
2. fuerte, morenos
3. pobre, viejo, rico, joven
4. perezoso, trabajadora, jóvenes

Escena 3

3-16 Crucigrama

Horizontales
3. jóvenes
4. soltero
6. amistad
9. viuda
10. ancianos

Verticales
1. media naranja
2. comprometidos
5. casados
7. divorciado
8. boda
10. amor

3-17 Los Roldán

1. (Incorrecto) Claudio está (es) casado.
2. (Incorrecto) Pedro y Teresa están casados.
3. (Correcto)
4. (Correcto)
5. (Incorrecto) Lino y Clara son niños.
6. (Incorrecto) La media naranja de Lola Roldán es José.

7. (Correcto)
8. (Incorrecto) Lino y Clara son hermanos.
9. (Correcto)

3-18 ¿Por qué *ser o estar*?

1. es/ date
2. es/ possession
3. son/characteristics
4. están/ condition
5. Son/ time
6. está/ condition
7. es/ personality trait
8. es/ religious affiliation
9. son/ occupation
10. estoy/ location

3-19 ¿Ser o Estar?

1. estudiantes
2. cansado/a
3. lejos
4. de Costa Rica
5. divertidos
6. lunes
7. simpática
8. en la universidad

Toque final

A. ¡A escribir! Información personal

(Answers may vary.)

B. Tu mundo cultural

1. cierto
2. falso. Actualmente, el promedio es de 2.4 hijos.
3. falso. Los padrinos tienen un papel importante.
4. cierto

Capítulo 4: El tiempo libre

Escena 1

4-1 Un chico obsesionado

1. correr
2. juego
3. deportes
4. pelota
5. bicicleta
6. nado
7. monto
8. pesas
9. descansar

4-2 ¡Preguntas ridículas!

(Answers may vary.)

1. Sí.
2. No, pero es posible pescar en el río.
3. Sí.
4. No, pero es posible caminar en el bosque.
5. No, pero es posible nadar en el lago.
6. Sí.

4-3   Crucigrama

Horizontales
3. pintas
5. levanto
6. ganan
7. montamos

Verticales
1. monto
2. manejan
3. practicamos
4. nadan

4-4   Medios de transporte
1. Sí, (No, no) monto a caballo.
2. Sí, (No, no) manejo.
3. Sí, (No, no) monto en bicicleta.
4. Sí, (No, no) tomo el autobús.

4-5   En una tienda de deportes
   (Answers may vary.)

4-6   Gustos
1. me / gustan
2. A ti / (may vary)
3. le / gustan
4. gusta
5. le / (may vary)
6. A mí / gusta
7. le / (may vary)
8. les / gusta
9. les / (may vary)

4-7   ¿A quién le gusta?
1. A mí
2. A usted
3. me
4. A ti
5. a ellos
6. les
7. les
8. A él
9. le

4-8   ¿A quién?
1. A mi hermano le gusta Samanta.
2. A mí me gustan las clases este semestre.
3. A nosotros nos gustan los videojuegos.
4. A ustedes les gusta beber café.
5. A los hijos del profesor no les gusta estudiar.
6. A Olivia le gusta comer y dormir.

4-9   El campamento de deportes
1. -o
2. -imos
3. -emos

4. -emos
5. -emos
6. -o
7. -en
8. -o
9. -o
10. -o

4-10 Juanito en la escuela
1. aprende
2. cree
3. comen
4. beben
5. vivimos
6. compartimos
7. escribe
8. lee
9. pinta
10. descansa

Escena 2

4-11 ¿Qué hacen?
1. Manda y recibe mensajes electrónicos.
2. Pasa el tiempo con sus nietos.
3. Toca la guitarra.
4. Canta mal.
5. Bailan.
6. Le gusta ver la televisión.

4-12 Chismes
1. sale
2. va de compras
3. viajamos
4. asiste
5. navegan
6. das
7. miran
8. disfrutan

4-13 ¡Yo, no!
1. dan, doy
2. pone, pongo
3. traen, traigo
4. decimos, digo
5. vienen, vengo
6. salen, salgo
7. haces, hago

4-14 Anuncios clasificados

1. **F.** Roberto hace ejercicio todos los días.
2. **C.**
3. **F.** Pone (Ve) la televisión con poca frecuencia.
4. **F.** Probablemente, Roberto es delgado.
5. **F.** A Roberto le gusta leer y tocar la guitarra.

Escena 3

4-15 El clima

1. flores
2. primavera
3. luna
4. árboles
5. está nublado
6. nieva
7. estrellas
8. hace viento

4-16 ¿Qué tiempo hace?

(Answers may vary.)

1. Hace sol. Hace calor. Es verano.
2. Hace frío. Hace mal tiempo. Es invierno.
3. Está nublado. Hace fresco. Hace buen tiempo. Es primavera.
4. Llueve. (o) Está lloviendo. Hace mal tiempo. Es primavera.
5. Hace viento. Hace mal tiempo. Es otoño.
6. Nieva. (o) Está nevando. Hace frío. Es invierno.

4-17 Razones

1. sabemos — to know how
2. conocen — to know (or) be acquainted
3. Conoces — be acquainted

4. sé — to know fact/ information
5. conocen — be acquainted
6. conoce — be acquainted
7. Sabes — to know fact/ information
8. saben — to know how
9. conocer — to meet

4-18 ¿Qué sabes? ¿Qué conoces?

(Answers may vary.)

4-19 ¿Qué vamos a hacer?

1. *(provided)*, voy a levantar pesas, voy a tocar la guitarra
2. ...va a bucear
3. ...van a jugar al golf, van a jugar al tenis
4. ...vas a montar en bicicleta
5. ...va a pescar
6. ...va a patinar
7. ...va a esquiar
8. ...vamos a acampar, vamos a montar a caballo
9. ...van a jugar al béisbol, van a jugar al fútbol

Toque final

A. ¡A escribir! Actividades y planes para las vacaciones

(Answers may vary.)

B. Tu mundo cultural

1. fútbol, béisbol
2. paseo
3. cibercafés
4. República Dominicana, salsa
5. Chile, Venezuela, mayas
6. islas Galápagos

Capítulo 5: La comida

Escena 1

5-1 Crucigrama

Horizontales

1. uva
5. cebolla
7. manzana
8. pavo
9. pimiento
11. naranja

Verticales

2. arroz
3. durazno
4. tomate

5. cereza
6. salchicha
7. mercado
10. sandía
12. ajo

5-2 Comidas que se asocian

carnes	frutas	legumbres/verduras	mariscos
jamón	durazno	cebolla	camarón
bistec	limón	lechuga	langosta

5-3 Cada semana

1. En el mercado Puentes se venden cuatrocientas cuarenta bananas.

2. En la cafetería de la universidad se compran doscientas quince manzanas.
3. En el restaurante Chévere se usan quinientos treinta y seis tomates.
4. En los cafés de la Plaza de Oriente se venden ochocientos setenta y un cafés con leche.
5. En el restaurante Sambors se compran mil seiscientos cincuenta y tres tacos.

5-4 Cheques para un banquete

1. (provided)
2. nueve mil ochocientos ochenta y siete pesos
3. veintitrés mil seiscientos veinticinco pesos
4. doce mil cuatrocientos sesenta y ocho pesos
5. quince mil quinientos treinta y dos pesos
6. setenta mil novecientos cuarenta pesos

5-5 Una carta de tu amiga

(Answers may vary.)

1. Sí, hay muchas clases de comida.
2. Sí, tenemos comida de...
3. Me gusta/n...
4. Me gusta más la carne (el pescado).
5. En mi ciudad hay...

5-6 Preparativos para una fiesta

1. Ellos van a contarlo. Ellos lo van a contar.
2. Yo voy a prepararlos. Yo los voy a preparar.
3. Ella va a decorarla. Ella la va a decorar.
4. Tú vas a comprarla. Tú la vas a comprar.
5. Manolo y yo vamos a buscarlo. Manolo y yo lo vamos a buscar.
6. Alberto y David van a invitarlos. Alberto y David los van a invitar.

5-7 En un café

1. me, Te
2. Las, las
3. Lo, nos
4. la, la
5. los, los

Escena 2

5-8 Las especialidades de hoy

1. huevos
2. tocino
3. pan
4. café
5. té
6. vegetales
7. sándwich
8. jugos
9. pescado
10. pollo
11. vinos
12. agua

5-9 El menú del restaurante *El pescador*

(Answers may vary.)

1. Se sirven muchos pescados y mariscos.
2. Me gusta más...
3. Voy a pedir...
4. Prefiero...
5. Se sirven vino, cerveza y agua mineral.
6. En mi opinión, la comida va a costar mucho (va a ser económica).

5-10 Preguntas de tu amiga

1. Sirven/ Sí, (No, no) sirven...
2. Almuerzas/ Sí, (No, no) almuerzo...
3. cuesta/ Cuesta...
4. juegas/ Sí, (No, no) juego...
5. pides/ Pido...
6. vuelves/ Vuelvo a las...
7. duermes/ Duermo...

5-11 Preguntas de tu profesor/a

1. (provided)
2. ¿Piensan estudiar mucho para el examen? Sí, (No, no) pensamos estudiar mucho para el examen.
3. ¿Pueden estudiar toda la noche sin dormir? Sí, (No, no) podemos estudiar toda la noche sin dormir.
4. ¿Prefieren leer o escribir? Preferimos leer (escribir).
5. ¿Duermen en clase? Sí, (No, no) dormimos en clase.

5-12 Una cita especial

(Answers may vary.)

Escena 3

5-13 ¡Qué obvio!

1. vaso
2. cuchara
3. copa
4. taza
5. merienda
6. cortar
7. pimienta
8. aceituna

1. merienda
2. cortar
3. pimienta
4. aceituna

5. vaso
6. cuchara
7. taza
8. copa

5-14 Maleducado

1. hambre/sed
2. sed/hambre
3. prueba
4. mantel
5. tenedor
6. regalos
7. prepara

5-15 ¿Qué están haciendo?

1. Todos los otros están cenando en la cocina.
2. Yo estoy sirviendo la cena.
3. Pedrito está comiendo la sopa sin cuchara.
4. Papá está leyendo el periódico en la mesa.
5. El gato está durmiendo en la cocina.
6. María y su amiga están viendo la televisión.
7. El abuelo está probando un jugo de frutas delicioso.
8. ¿Qué estás haciendo tú?

5-16 ¡Todos están ocupados!

1. … está tocando el piano.
2. … están bailando.
3. … está cocinando (preparando la sopa).
4. … está levantando pesas.
5. … está jugando al fútbol.
6. … está usando la computadora (navegando por la Red).
7. … está durmiendo y … está estudiando (escribiendo/ leyendo).
8. … están comiendo (helado).

Toque final

A.   ¡A escribir! Una fiesta
(Answers may vary.)

B.   Tu mundo cultural

1. caña de azúcar, trigo, banana, naranja maíz, papa, tomate, tabaco, vainilla, cacao
2. Cuba, España, Guatemala, Colombia
3. tamales
4. ajiaco o sancocho criollo, ropa vieja, ceviche, paella
5. *Answers may include:* arroz con pollo, flan

Capítulo 6: En casa

Escena 1

6-1 Crucigrama

Horizontales

2. cama
3. jardín
4. garaje
5. ropero
7. sillón

Verticales

1. lavaplatos
2. comedor
5. refrigerador
6. escalera

6-2   La casa

1. (*provided*)
2. la alfombra
3. la chimenea
4. la cómoda
5. el espejo
6. la bañera
7. la cama
8. el estante
9. la estufa
10. el cubo de la basura

6-3   ¿En qué cuarto están?

1. (*provided*)
2. a. La ducha está en el baño.
3. f. La alfombra está en el piso de la sala.
4. e. El refrigerador está en la cocina.
5. b. El sofá está en la sala.
6. c. La mesa y las sillas están en el comedor.

6-4   ¿Qué pasa en la cocina?

1. F. Alguien va a contestar el teléfono. (o) Alguien va a contestarlo.
2. C.
3. F. Posiblemente, hay algo en el refrigerador.
4. F. No hay nada en el fregadero.
5. C.
6. F. Nadie está comiendo.

6-5   ¿Qué apartamento?

1. B
2. C
3. A

6-6 En casa

1. fuera de
2. por
3. detrás del
4. entre
5. al lado de
6. Al
7. acerca de
8. después del
9. cerca del
10. enfrente de
11. para
12. en vez de
13. debajo de
14. para

6-7 Todos se divierten en la fiesta

1. entre
2. al lado de
3. delante de
4. detrás de
5. enfrente de

6-8 ¡Tantas actividades!

(Answers will vary in second portion.)

1. *(provided)*
2. ver/ mirar,…
3. hace,…
4. jugar,…
5. salir,…
6. hacerla/ estudiar,…

6-9 Ágata y Raúl

1. conmigo
2. contigo
3. ti
4. mí
5. mí
6. ti
7. nosotros
8. nosotros
9. él
10. mí

6-10 En la tienda de muebles

1. *(provided)*
2. ¿Cuánto cuesta este sofá, ése y aquél?
3. ¿Cuánto cuesta esta mesa, ésa y aquélla?
4. ¿Cuánto cuestan estos sillones, ésos y aquéllos?
5. ¿Cuánto cuestan estas lámparas, ésas y aquéllas?

6-11 ¿Éste, ése o aquél?

1. *(provided)*
2. Deseo este pastel de manzana.
3. Deseo aquellos panecillos.
4. Deseo esos *croissants*.
5. Deseo este pan de frutas.
6. Deseo esas galletas de chocolate.
7. Deseo ese pastel de fresa.
8. Deseo estas empanadas de maíz.
9. Deseo aquellos panes de queso.

Escena 2

6-12 ¿Qué se necesita?

1. un peine
2. una toalla
3. jabón
4. un despertador
5. un secador

6-13 ¿Qué hacen?

1. *(provided)*
2. baña, ducha
3. afeita, cepilla
4. pone
5. maquilla, peina
6. divierte

6-14 Las rutinas

1. *(provided)*
2. me levanto
3. me ducho
4. me peino
5. me visto
6. te lavas
7. te cepillas
8. se pone
9. se acuesta
10. nos afeitamos
11. nos peinamos
12. se maquillan
13. se cortan
14. se pintan

6-15 Antes y después

1. *(provided)*
2. cepillarme
3. sentarnos
4. ponerse
5. acostarte

6-16 ¿Qué están haciendo?

1. *(provided)*
2. d. Los niños están durmiéndose. (o) Los niños se están durmiendo.
3. f. Juan está despidiéndose de sus colegas. (o) Juan se está despidiendo de sus colegas.

4. a. Mi amiga y yo estamos vistiéndonos. (o) Mi amiga y yo nos estamos vistiendo.
5. b. Los jóvenes están bailando y divirtiéndose. (o) Los jóvenes están bailando y se están divirtiendo.
6. e. Mis amigos están riéndose. (o) Mis amigos se están riendo.

6-17 ¿Cómo o cuándo lo hacen?

1. (provided)
2. ...rápidamente
3. ...constantemente
4. Frecuentemente,...
5. ...tranquilamente
6. Generalmente,...
7. ...inmediatamente

Escena 3

6-18 Los quehaceres domésticos

1. saca
2. limpia el polvo
3. aspiradora
4. ordena, poner/ guardar
5. hace, cama
6. lava, seca
7. pone, quita
8. riegan
9. corta

6-19 Los preparativos

1. ordena
2. lava
3. barre
4. haz
5. cocina

6. pon
7. ven
8. sirve

6-20 Consejos y recomendaciones

1. c. no veas la televisión
2. b. plancha tu camisa
3. a. no vuelvas tarde
4. b. dime la verdad
5. b. levántate
6. c. ten paciencia
7. c. no salgas esta noche
8. b. no juegues en la sala

6-21 En el restaurante

1. Ponla aquí. No la pongas aquí.
2. Pruébala. No la pruebes.
3. Bébela. No la bebas.
4. Pídelo. No lo pidas.
5. Págala. No la pagues.

Toque final

A. ¡A escribir! ¿Quién hace los quehaceres domésticos en tu casa?
(Answers may vary.)

B. Tu mundo cultural

1. edificios de apartamentos (departamentos)
2. Answers may include: patio interior, patio exterior, techos de teja
3. familia, casa
4. las tiendas
5. las tareas domésticas (los quehaceres domésticos)

Capítulo 7: La ciudad

Escena 1

7-1 Crucigrama

Horizontales
2. departamentos
5. parada
6. pastelería
7. puente

Verticales
1. correos
3. iglesia
4. cine
5. película
6. parque

7-2 ¡Adivina!

1. e
2. h
3. a
4. i
5. b
6. g
7. c
8. d
9. j
10. f

7-3 Mi viejito favorito

1. esquina
2. periódicos

3. banco
4. noticias
5. salida
6. motocicletas
7. peatones
8. semáforo
9. ¡Que lo pases bien!

7-4 ¡Indícale como ir!

1. salga
2. vaya
3. doble
4. izquierda
5. siga
6. recto
7. Doble
8. derecha
9. cruce
10. Pase
11. maneje
12. vuelva

7-5 ¿Qué hacemos, jefe?

1. Guárdela
2. Tómelo
3. Ordénelos
4. Búsquenla
5. Pónganlos
6. Pásenla
7. Ciérrenlas

7-6 ¿Antes o ahora?

1. pasado
2. pasado
3. presente
4. presente
5. pasado

7-7 Un día extraño en el metro

1. f. Llegué a la estación de tren temprano.
2. b. Entré a la estación y esperé muy poco.
3. d. El tren llegó muy pronto.
4. a. Unos momentos después, un chico sacó (*took out*) una pistola.
5. c. El joven me gritó (*yelled*), "¡Levante las manos!"
6. h. Grité "¡Ayúdenme!"
7. g. Una señora le tomó la pistola al chico.
8. i. La señora se disculpó y exclamó: "La pistola es un juguete (*toy*) de mi hijo."
9. e. ¡Qué miedo (*fear*) pasé!

7-8 ¿Qué tal la semana pasada?

1. Roberto: ¿Entraste al banco el jueves pasado?
   Luis: Sí, entré al banco el jueves pasado.

2. Roberto: ¿Visitaste el museo de arte el sábado pasado?
   Luis: No, no visité el museo de arte el sábado pasado.
3. Roberto: ¿Pasaste por la zapatería la semana pasada?
   Luis: No, no pasé por la zapatería la semana pasada.
4. Roberto: ¿Jugaste al fútbol el fin de semana pasado?
   Luis: Sí, jugué al fútbol el fin de semana pasado.

Escena 2

7-9 Preparativos

1. nos cortamos
2. teñirme
3. cajero automático
4. nos pintamos, terminamos, nos encontramos
5. me abrocho
6. lleva, hacemos
7. cobra
8. licencia
9. gente

7-10 ¡Qué día!

1. perdió
2. decidí
3. guardó
4. abrió
5. vio
6. cerró
7. subió
8. corrí
9. busqué
10. encontré
11. decidimos
12. cambió
13. recibimos
14. abrí
15. encontré
16. empecé

7-11 Por la ciudad

1. fue
2. Fue
3. Fue
4. Fueron
5. Fuimos
6. fueron
7. Fuiste
8. Fue

7-12 Preparativos para una fiesta

1. fue
2. planeamos
3. invitamos
4. hizo
5. preparó
6. hicimos
7. ayudamos
8. fuimos
9. vimos
10. fui
11. gritaron
12. fue
13. dimos
14. Fue

7-13 ¿Qué hiciste y cuándo?

(Answers may vary.)

Escena 3

7-14 ¿Puedes identificarlo?

1. la autopista
2. el ruido
3. el tráfico
4. ¡Qué mala suerte!
5. parar

7-15 ¡Lo dice papá!

1. parar
2. preguntar
3. cambiar
4. llenar
5. reparar
6. cruzar
7. revisar
8. explicar

7-16 ¿Qué pasa?

(Answers may vary.)

1. Se ve una moto, una autopista, unos carros...
2. Sí, creo que hay mucho ruido porque hay mucho tráfico.
3. El policía para el tráfico.
4. Dos carros chocaron.
5. La persona dice: "¡Qué mala suerte!".

7-17 ¿Qué pasó?

1. nos
2. le
3. nos
4. le
5. les
6. le
7. les
8. le

7-18 Problemas y soluciones

1. *(provided)* C. le
2. D. les
3. A. te
4. F. me
5. B. nos
6. E. le

Toque final

A. ¡A escribir! ¿Qué hiciste?

(Answers may vary.)

B. Tu mundo cultural

1. falso
2. falso
3. cierto
4. cierto
5. cierto

Capítulo 8: De compras

Escena 1

8-1 Crucigrama

Horizontales

2. ropa
5. gorra
6. anillo
7. sandalias
10. cartera
11. botas

Verticales

1. caro
3. probarse
4. collar
8. talla
9. gasta

8-2 ¿Qué debo ponerme o llevar?

(*Answers may vary.*)

1. Debes ponerte unos pantalones largos.
2. Debes llevar unos pantalones cortos.
3. Debes ponerte una pulsera de oro.
4. Debes llevar unos guantes y una bufanda.
5. Debes ponerte unos *jeans*.
6. Debes llevar la cartera.

8-3 Rebajas

1. rebajas
2. centro comercial
3. joyas
4. guantes
5. billeteras
6. pantalones cortos
7. tarjeta de crédito
8. baratas

8-4 ¿Cómo fue tu día ayer?

¿Qué pasó?	yo	mi esposa	mi esposa y yo	mis hijos
Modelo Hicieron la tarea rápidamente.				✓
1. Quiso ir de compras.		✓		
2. Me puse ropa elegante.	✓			
3. Vinieron a visitarme al trabajo.				✓
4. Supo llegar al centro sin problemas.		✓		
5. Le traje flores.	✓			
6. Me dijo: "Muchas gracias".		✓		
7. Estuvieron en casa de sus amigos.				✓
8. Pudimos descansar un poco.			✓	
9. Hizo un pastel de chocolate.		✓		
10. Tuvimos una cena romántica.			✓	

8-5 Preguntas y respuestas

1. c
2. b
3. a
4. d
5. a

8-6 María tuvo un accidente

1. supimos
2. tuvo
3. quisieron
4. pudimos
5. tuvo
6. quiso
7. fuimos
8. dijeron

8-7 ¿Qué pasó?

1. Ellos estuvieron dos horas en la joyería.
2. Los ladrones pudieron robar pulseras, aretes y collares.
3. Los ladrones trajeron bolsas para poner las joyas.
4. Desafortunadamente, los ladrones pudieron escapar.
5. La policía supo del robo muy tarde.
6. Después, cinco policías vinieron para investigar el caso.

Escena 2

8-8 Asociaciones

1. d
2. c
3. f
4. e
5. a
6. b

8-9 ¿Qué ropa se pusieron?

1. María se puso la ropa interior.
2. Pablito se puso un pijama. / Pablito se puso una pijama.
3. Luisa se puso un abrigo.
4. Susana se puso una blusa.
5. Silvia se puso una falda.
6. Juan y Luis se pusieron camisas de manga larga.
7. Martín se puso un traje.
8. Javier y Rafa se pusieron unas corbatas.
9. Clara se puso un vestido.

8-10 La clase de salsa

1. sucios
2. limpia
3. tienen calor
4. lentes
5. camisa de manga larga
6. chaqueta
7. gafas de sol

8-11 Son muy similares

1. Los pantalones de Catalina son tan elegantes como los pantalones de Marcela.
2. Catalina gasta tanto dinero como Marcela.
3. Catalina es tan atractiva como Marcela.
4. Marcela compra tanta ropa interior como Catalina.
5. Marcela habla español tan bien como Catalina.
6. Catalina tiene tantos paraguas como Marcela.

8-12 Mis amigos son muy diferentes

1. menos fuerte que
2. menor que
3. mejor, que
4. más pobre que
5. más grande que
6. más viejo que

8-13 ¿Cuál es tu opinión?

1. La actividad física más difícil es correr.
2. La ropa más apropiada es un abrigo.
3. La ropa más elegante es un traje.
4. La peor ropa para una evento formal es un/ una pijama.
5. La mejor ropa para cuando está lloviendo es un impermeable.

Escena 3

8-14 ¿Para qué sirven?

1. sirve para mandar *e-mails* a tus amigos y a tus familiares
2. sirve para hablar con otras personas cuando no estás en tu casa
3. sirve para cambiar de un canal de televisión a otro canal de televisión
4. sirve para escribir con la computadora
5. sirve para dejarles mensajes a nuestros amigos si no contestan cuando los llamamos

8-15 ¿Necesitamos un especialista en tecnología?

1. prender
2. contestador automático
3. algunas marcas
4. toman fotos
5. los audífonos
6. una pantalla plana

8-16 ¿Cuánto pagamos por cada cosa y para quién es?

1. para
2. por
3. para
4. para
5. por

8-17 ¡Ya lo hicimos!

1. se lo
2. nos los
3. me los
4. te los
5. se las

8-18 El cumpleaños

1. Pedro nos la prestó.
2. La abuela se lo trajo.
3. Miguel se la regaló.
4. Elisa se las mandó.
5. Ana se la sirvió.

8-19 ¿De quién es?

1. No, es mío.
2. Sí, es suyo.
3. Sí, es nuestra.
4. Sí, son suyas.
5. No, es tuya.

Toque final

A. ¡A escribir! La invasión de la tecnología

(*Answers may vary.*)

B. Tu mundo cultural

1. Falso. En el Caribe, los hombres normalmente llevan una guayabera a las fiestas y celebraciones elegantes.
2. Cierto
3. Falso. Carolina Herrera es una diseñadora venezolana que tiene muchos clientes famosos como Salma Hayek y Renée Zellweger.
4. Cierto
5. Cierto
6. Falso. El 55% de los hispanos que viven en Estados Unidos están conectados a la Red.
7. Cierto

Capítulo 9: La salud y las emergencias

Escena 1: En el consultorio médico

9-1 Crucigrama

Horizontal
1. pastillas
5. silla de ruedas
7. enfermedad
8. seguro

Vertical
2. sala de espera
3. receta
4. paciente
6. fumar

9-2 ¿Cómo se sienten?

1. c
2. f
3. a
4. d
5. e
6. b

9-3 Una espera muy larga

1. cita
2. sala
3. pacientes
4. medicina
5. quejarme
6. fiebre

7. presión
8. pastillas
9. receta

9-4 Ayuda para una amiga

1. e
2. c
3. b
4. f
5. a
6. d

9-5 ¿Qué pasó ayer en el hospital?

1. me vestí
2. se rieron
3. servimos
4. siguieron
5. se divirtieron
6. me sentí

9-6 Compañeras incompatibles

1. dormí
2. me vestí
3. prefirió
4. fui
5. sirvieron
6. me sentí
7. volví
8. dijo
9. respondí
10. me divertí

Escena 2: El cuerpo humano

9-7 El cuerpo humano

1. el ojo, los ojos
2. la oreja
3. la boca
4. la espalda
5. la rodilla
6. la cara/la nariz
7. la mano, los dedos
8. el brazo
9. la pierna
10. el pie

9-8 ¿Qué usamos?

(*Answers may vary.*)

1. la mano, los dedos, el brazo
2. la boca, los labios, la lengua, los dientes
3. los dedos del pie, los pies, las piernas, las rodillas, los tobillos
4. la boca, los labios, la lengua, los dientes
5. los ojos, el cerebro

9-9 ¿Cuál es el problema?

1. d
2. a
3. g
4. e
5. b
6. c
7. f

9-10 En el hospital

1. eran
2. estaban
3. hablaba
4. se quejaba
5. lloraban
6. examinaba
7. ayudaba
8. necesitaba
9. estaba
10. sabía

9-11 Comienzo de un cuento

1. estaba
2. Eran
3. iban
4. Hacía
5. jugaban
6. tomaban
7. comían
8. hablaban
9. quería
10. cruzaba

9-12 ¿Qué hacía tu familia?

(*Answers may vary.*)

Escena 3: Situaciones de emergencia

9-13 ¡Ten más cuidado!

1. prisa
2. tener
3. chocar
4. caerte
5. fracturar
6. yeso
7. recuperarte
8. sufrir

9-14 ¿Qué pasó?

1. f) Anoche decidí salir con mi esposa a bailar.
2. d) Salimos del apartamento a las diez de la noche.
3. a) Cruzábamos la calle principal cuando escuchamos a una señora que gritaba: "¡Socorro, socorro!"
4. c) ¡Ella nos dijo que su esposo estaba inconsciente y que creía que había sufrido un ataque al corazón!
5. h) Mi esposa le ayudó a la señora y yo llamé a la policía.
6. e) Mientras esperábamos la ambulancia el señor comenzó a reaccionar.
7. g) Por fin, la ambulancia llegó y los paramédicos le atendieron al señor.
8. b) Por suerte (*Luckily*) el señor se recuperó y los paramédicos nos dijeron que él solamente se había desmayado (*fainted*).

9-15 Un viaje a Panamá

1. era
2. hacía
3. hice
4. era
5. quería
6. Fui
7. tomé
8. Llegué
9. entré
10. tenía
11. había
12. cruzaban
13. pasé
14. gustó

9-16 Un accidente

1. caminábamos
2. tuvo
3. jugaban

4. corrían
5. se cayó
6. se rompió
7. ayudaba
8. llamé
9. esperábamos
10. se quejaba

9. había
10. llegó
11. dio
12. pasó
13. tuvo
14. Se despidió
15. empezó

9-17 Una tarde de locos

1. trabajaba
2. empezaron
3. dejé
4. pude
5. estaban
6. comencé
7. preparaba
8. hacían
9. sorprendió
10. empezaron

9-18 Voluntaria en Ecuador

1. trabajaba
2. ayudaba
3. iban
4. se levantó
5. llegó
6. decidió
7. era
8. tenía

Toque final

A. ¡A escribir! Un momento inolvidable
(*Answers may vary.*)

B. Tu mundo cultural

1. Cierto
2. Falso. Muchos dicen que es bueno tomar una infusión de mate si tienes problemas con la digestión o si no tienes energía.
3. Cierto
4. Falso. Si uno de tus amigos hispanos se toca el codo con la mano para describir a otra persona, significa que esa persona no es muy generosa.
5. Falso. El término hispano se refiere a la entidad cultural hispana.
6. Falso. Una persona mestiza tiene mezcla de dos razas; de la raza blanca y de la raza indígena de América. / Una persona mulata tiene mezcla de dos razas; de la raza negra y la de los europeos.

Capítulo 10: El barrio

Escena 1

10-1 Crucigrama

Horizontales
4. dulces
5. obedecen
6. barrio
7. vecinos
10. acordarse
11. dueño
12. incendio

Verticales
1. pueblo
2. telenovela
3. mudarnos
8. ciudadano
9. muchacho

10-2 Categorías

Personas	Acciones	Lugares
vecino, portero, dueño, muchacho, cartero, vendedora, ciudadano	*mudarse, recoger, quemarse*	*barrio, acera, pueblo*

10-3 Actividades en el barrio

1. h
2. c
3. b
4. f
5. e
6. i
7. a
8. d
9. g

10-4 Encuentros y despedidas

1. c
2. b
3. a
4. b
5. a
6. b
7. a

10-5 Las elecciones

1. abra
2. tengan
3. limpien
4. asistan
5. sea
6. ponga

10-6 Las reglas del barrio

1. tiren
2. se acuerden
3. nos saludemos
4. se relajen
5. vayan
6. lean
7. obedezca

10-7 ¿Qué quiere hacer y qué quiere que hagamos?

1. sea
2. empezar
3. hablen
4. cambiar
5. expresen
6. escuchemos
7. saber

Escena 2

10-8 ¿Qué palabra no se asocia?

1. b
2. c
3. a
4. b
5. c

10-9 Voluntarios modelo para la comunidad

1. dona
2. discute
3. enseña
4. se emborracha
5. resuelve
6. invito
7. construyen
8. organizan

10-10 ¿Qué pasa en la ciudad?

1. el alcalde
2. tratar de
3. personas sin hogar
4. el crimen
5. donar
6. estén de acuerdo

10-11 ¿Cómo reacciona Rodolfo?

1. a
2. b
3. a
4. a
5. a
6. b

10-12 Un estudiante de intercambio

1. tengas
2. gastes
3. tomes
4. te emborraches
5. seas
6. te informes

10-13 Comentarios

(*Answers may vary.*)

Escena 3

10-14 Las creencias

1. g
2. d
3. a
4. f
5. b
6. c
7. e
8. h
9. i

10-15 Los líderes

1. peligrosos

2. leyes
3. derechos humanos
4. en contra
5. la guerra
6. la paz
7. la igualdad
8. justicia

10-16 Una manifestación

1. c
2. b
3. b
4. b
5. a
6. a

10-17 Un debate político

1. es
2. vaya
3. puede
4. piensan
5. olviden
6. den
7. voten
8. gane

10-18 Y tú, ¿qué opinas?

(*Answers may vary.*)

1. No es verdad que una mezquita sea un templo para los judíos.

2. Es verdad que los católicos creen en la Virgen María.
3. Estoy seguro de que los candidatos políticos gastan mucho dinero en las campañas electorales.
4. Es posible que los musulmanes, judíos y cristianos puedan vivir juntos y en paz.
5. No creo que en el año 2050 vaya a haber paz y justicia en todos los países de Oriente Medio.
6. Creo que el Papa lucha por la paz del mundo.
7. Dudo que el gobierno de Estados Unidos piense reducir el precio de la gasolina este mes.
8. No creo que en Estados Unidos haya seguridad nacional.

Toque final

A. ¡A escribir! ¿Qué le recomiendas al gobierno?

(*Answers may vary.*)

B. Tu mundo cultural

1. Cuba/Puerto Rico/La República Dominicana
2. cubanos
3. Los Ángeles
4. Buenos Aires

Capítulo 11: En el trabajo

Escena 1

11-1 Crucigrama

Horizontales
1. parcial
3. tijeras
7. código de área
8. sobre
10. guía telefónica

Verticales
2. currículo
4. impresora
5. solicitud
6. jefe
9. maletín

11-2 Falta de experiencia

1. c
2. a
3. c
4. b
5. a
6. b
7. b

11-3 Un asunto privado

1. cubículo
2. fotocopiadora
3. archivo
4. solicitud
5. puesto
6. jefe
7. imprimir
8. guardar

11-4 ¿Lo has hecho?

1. Han hecho
2. hemos puesto
3. ha escrito

4. he hablado
5. han dicho
6. han pedido
7. han traído

11-5 Cosas que pasan en la oficina

1. ha dicho
2. ha borrado
3. Ha hablado
4. he tratado
5. he escrito
6. he pedido
7. han respondido
8. Ha recibido
9. han arreglado
10. han resuelto
11. ha abierto

11-6 Las responsabilidades de tus colegas

1. lo ha hecho
2. la han pedido
3. lo has escrito
4. las has impreso
5. los hemos resuelto
6. la he roto

Escena 2

11-7 ¿Qué palabra no se asocia?

1. b
2. a
3. a
4. c
5. a
6. d
7. b

11-8 En alza

1. empleado
2. acciones
3. éxito
4. ganancias
5. empresa
6. promoción
7. suerte
8. mercado
9. economía
10. ganar

11-9 Rompecabezas

1. inversión
2. economía
3. empleado
4. entrevista

5. experiencia
6. presupuesto
7. promoción
8. equivocarse
9. invertir

¿Te has equivocado con la bolsa?

11-10 Las finanzas

1. f
2. d
3. b
4. g
5. a
6. e
7. h
8. c

11-11 Plan para ganar más

1. hablaré
2. dirán
3. escribiré
4. nos reuniremos
5. dará
6. mandará
7. será
8. explicaré
9. implementarán
10. tendrá

11-12 ¿Qué harás?

(*Answers may vary.*)

11-13 Bienvenidos a *Tecnova*

(1) primera
(5) quinto
(3) tercera
(6) sexto
(4) cuarta
(9) novena

Escena 3

11-14 ¿De qué habla?

1. h
2. i
3. a
4. j
5. c
6. b
7. d
8. e
9. f
10. g

11-15 La vida siempre mejora

1. fábrica
2. obrera
3. línea
4. máquina
5. sueldo
6. beneficios
7. permiso
8. maternidad
9. despidos
10. festivos

11-16 ¿Para qué trabaja?

1. para
2. para
3. por
4. por, para
5. por
6. para
7. por
8. por
9. para

11-17 ¡Qué decepción!

1. para
2. para
3. para
4. para
5. por
6. para
7. por
8. para
9. para
10. por

Toque final

A. ¡A escribir! ¿Cómo es tu trabajo?
    (Answers may vary.)

B. Tu mundo cultural

1. cierto
2. falso
3. cierto
4. falso
5. falso
6. cierto

Capítulo 12: Nuevos horizontes

Escena 1

12-1 Crucigrama

Horizontales
5. selva
7. perder
8. aeropuerto
10. almohada

Verticales
1. pasajero
2. volar
3. azafata
4. tarjeta
6. aduana
9. cordillera
10. volcán

12-2 Consejos para un viaje

1. sacar el pasaporte
2. facturar
3. asiento de ventanilla
4. aerolínea
5. vuelo
6. aeropuerto

12-3 El viaje ideal

1. Paquete C
2. Paquete B
3. Paquete A

12-4 De viaje en avión

1. Sacaría el pasaporte.
2. Confirmaría el vuelo.
3. Haría la maleta.
4. Llegaría a tiempo al aeropuerto.
5. Subiría al avión.
6. Hablaría con otros pasajeros.
7. Le daría las gracias a la azafata.

12-5 ¿Qué harían ellos en tu lugar?

1. llevaría un suéter
2. pondría pantalones cortos
3. no guardarían los cheques de viajero
4. viajaría con unas aspirinas

Escena 2

12-6 ¿Qué palabra no se asocia?

1. c
2. b
3. a
4. b
5. c

12-7 La ciencia y la tecnología

La protección del medio ambiente	La contaminación	El espacio
energía eólica carros híbridos energía solar	fábricas dióxido de carbono carros tradicionales	nave espacial satélite viajes alrededor de la Tierra

12-8 ¿Cierto o falso?

1. falso
2. falso
3. cierto
4. falso
5. cierto

12-9 ¿Qué opina Rodolfo?

1. b
2. b
3. a
4. a
5. d

12-10 Hay que hacer algo

1. pasaría
2. tuviéramos
3. existiera
4. tendría
5. habría
6. se morirían
7. afectaría
8. decidiéramos
9. podríamos
10. tendríamos

12-11 El viaje deseado

1. viajara
2. visitarían
3. tuvieran
4. irían
5. llevara
6. gustaría
7. preferiría
8. podrían

12-12 ¿Qué pasaría?

(Answers may vary.)

1. tú no fumaras, vivirías más años
2. yo comiera bien e hiciera ejercicio, prolongaría la vida
3. nosotros plantáramos árboles, no habría deforestación
4. usted usara energía eólica y solar, protegería el medio ambiente
5. nosotros usáramos carros híbridos, dependeríamos menos del petróleo
6. los científicos descubriera la cura para el SIDA, habría menos enfermos

Escena 3

12-13 Empareja

1. e
2. d
3. g
4. h
5. a
6. b
7. c
8. f

12-14 Los extranjeros

1. frontera
2. prosperar
3. inmigrantes
4. oportunidades
5. contribuyen
6. diversidad

Toque Final

A. ¡A escribir! ¡A conocer el
    mundo hispano!
    (*Answers may vary.*)

B. Tu mundo cultural

1. Costa Rica
2. contaminación
3. Venezuela, Colombia, Ecuador, Perú y Bolivia
4. exceso de población
5. españoles
6. ciudadanos